Ullstein Reiseführer

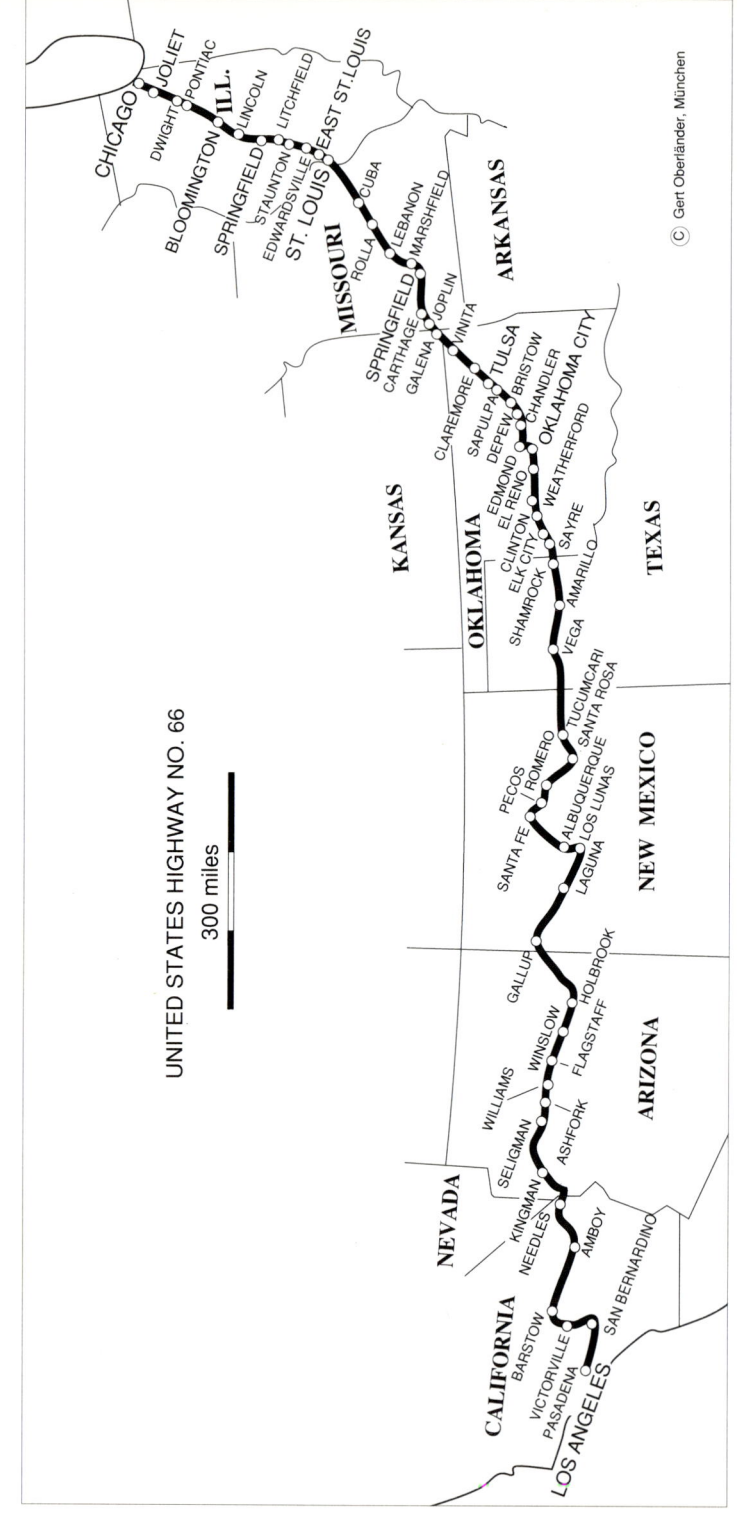

UNITED STATES HIGHWAY NO. 66

300 miles

© Gert Oberländer, München

Tom Snyder

Streckenpilot Route 66

Entlang der Traumstraße Amerikas

Aus dem Amerikanischen
von Holger Hoetzel

Ullstein

Die amerikanische Originalausgabe
erschien bei St. Martin's Press, New York
© 1990 by Tom Snyder
© der deutschen Ausgabe
1992 by Verlag Ullstein GmbH,
Berlin, Frankfurt am Main
© der Straßenkarten by Automobile Club
of Southern California
Umschlaggestaltung:
Hansbernd Lindemann
Foto: Frieder Blickle/Bilderberg
Satz: KCS GmbH, Buchholz/Hamburg
Druck und Verarbeitung: Ebner Ulm
Printed in Germany 1992
ISBN 3 550 06594 9

Die Deutsche Bibliothek
CIP-Einheitsaufnahme

Snyder, Tom:
Streckenpilot Route 66:
entlang der Traumstrasse Amerikas/
Tom Snyder.
Aus dem Amerikan. von Holger Hoetzel. –
Berlin; Frankfurt am Main: Ullstein, 1992
(Ullstein-Reiseführer)
Einheitssacht.: Route 66 < dt. >
ISBN 3-550-06594-9

Meiner Mutter und meinem Vater gewidmet —
und allen Eltern, die ihren staunenden Kindern
die Wunder der mystischen Reise
nach Kalifornien auf der Route 66 zeigen.
Und meinem Freund Jack Rittenhouse,
dessen fabelhafter kleiner Straßenführer
so viele von uns so sicher hierher begleitet hat.

Inhalt

Vorwort zur deutschen Ausgabe

Suchen Sie nach Romantik hinter jeder Kurve, Abenteuer auf jeder Geraden? Dann sind Sie hier richtig! Die alte Route 66 existiert immer noch. Und Sie können ihre eigene magische Tour auf diesem großartigen Highway zusammenstellen.

Route 66 ist so amerikanisch wie Apple Pie. Aber sie ist auch so deutsch wie − sagen wir *Hamburger*. Tatsächlich ist der Beitrag deutscher Philosophen, Poeten und Erzieher so weit eingegangen in die amerikanische Kultur, daß wir ihn für völlig selbstverständlich halten. Einmal auf dem Weg, werden ganz besonders Deutsche den bleibenden mütterlichen Charakter des Highways spüren. John Steinbeck hat diese weibliche Qualität in seinem Roman *Früchte des Zorns* zum ersten Mal in Worte gefaßt und die Route 66 »the mother road« genannt.

Angesichts der großen Distanz (fast 4000 Kilometer), die man zurücklegt, haben amerikanische Autoren immer wieder auf die vielen Bundesstaatsgrenzen hingewiesen, die passiert werden müssen. Für mich war eine Fahrt auf der Route 66 immer eine einzige kontinuierliche Erfahrung. Das kann natürlich damit zu tun haben, daß meine Familie aus Schleswig nach Amerika kam − und dort betrachtete man Grenzen ja schon immer eher als etwas Elastisches, denn als etwas, das man allzu ernst nehmen müßte.

Route-66-Reisende merken schnell, wie stark die Route 66 die Vorstellungskraft inspiriert. Für Männer mag die alte zweispurige Fahrbahn stürmisch, herausfordernd, niemals wirklich berechenbar sein. Frauen mögen sich begeistern an interessanten Strukturen und der Fähigkeit der alten Straße, unerwartete Leidenschaften und dieses seltene Gefühl von Freiheit hervorzulocken, das man an wenigen Orten sonst empfindet.

Wie auch immer. Ich jedenfalls bin hocherfreut und fühle mich geehrt, Ihr persönlicher Führer entlang »Amerikas Hauptstraße« zu sein.

Und da das deutsche Naturell nicht nur romantisch, sondern genauso praktisch ist, hier ein paar Tips. Wenn Sie sich im Frühjahr oder Spätherbst auf die Reise machen, werden Sie feststellen, daß in dieser Zeit nicht nur das Klima am besten ist, sondern daß auch die Preise niedriger sind.

Außerdem, wenn Sie Mitglied eines Automobil-Clubs sind, der eine Verbindung zur American Automobile Association hat, dann lassen Sie sich in jedem Fall die AAA-Karten und -Führer kommen, in denen Sie viele nützliche Informationen rund um die Interstates finden. Fragen Sie nach den Karten und den fünf Tourbüchern, die die Bundesstaaten Illinois, Kansas/Missouri/Oklahoma, Texas, Arizona/New Mexico und California abdecken.

Wenn Sie Amerika zum ersten Mal besuchen, selbst Autor sind oder eine Frau, die die USA bereist, oder ein Geschäftsmann, der nur begrenzt Zeit hat, um die Route 66 zu entdecken, sollten Sie darüber nachdenken, ob Sie nicht Mitglied der U. S. Route 66 Association werden wollen. Während der einjährigen Mitgliedschaft bekommen Sie *Route 66 Today,* ein Info-Blatt mit aktuellsten Informationen über die Straße. Außerdem hilft die Association ihren Mitgliedern bei speziellen Fragen zur Planung einer Route-66-Tour.

Und nun, lieber Freund, wünsche ich Ihnen eine gute Zeit und eine sichere Reise. Möge Ihre Tour auf der Route 66 all das sein, was Sie sich wünschen.

Tom Snyder
Februar 1992

Willkommen auf der alten Straße

Reisen heißt, neue Orte sehen, heißt, einen Fotoapparat auf scheel blickende Leute richten oder auf Dinge, die, wie sich später herausstellt, zu weit entfernt sind.

Reisen heißt, Geld ausgeben für Dinge, die man im Traum nicht kaufen würde, wäre man zu Hause, heißt, Fremdartiges und manchmal Bizarres entdecken und Abenteuer, Mut und sogar Romantik in sich selbst finden. Reisen heißt, die Wahrnehmung erweitern — mit jedem neuen Ausblick hinter der Windschutzscheibe.

Reisen ist, wie so vieles im Leben, eigentlich nicht wirklich notwendig. Aber solche Dinge machen das Leben interessanter und ein wenig pikanter, als es sonst wäre. Mit der alten Route 66 ist es genauso. Für den effizienten Überland-Reiseverkehr wird sie nicht mehr gebraucht, fünf nahtlose Interstate-Autobahnen ohne Ampeln, ohne besondere Sehenswürdigkeiten, ohne hübsche Monstrositäten haben sie ersetzt. Meile für Meile, in die eine oder andere Richtung, so öde wie das Testbild im Fernsehen.

Route 66 hingegen — Route 66 war nie gewöhnlich. Von ihrer Geburt an im Jahr 1926 war sie der erste Highway, der Chicago mit Los Angeles verband, für die Menschen, die dort lebten, genauso wie für die Reisenden etwas ganz Besonderes. Und bald hatte die Route 66 sogar den Namen »die magischste Straße der Welt«. Welches Maß man auch immer anlegen will, genau das ist aus ihr geworden.

Südwestlich zunächst und dann Richtung Westen führte die US 66 vom Michigan-See durch Hochebenen, Berge, Wüsten, Flüsse und Cañons von acht Bundesstaaten und durch die Territorien verschiedener indianischer Volksgruppen, bevor sie 2448 Meilen später auf einem Felsen über dem Pazifik endete. Dennoch − wie die meisten amerikanischen Highways dieser Zeit − war die erste Fahrbahn nicht viel mehr als ein staubiger transkontinentaler Pfad, der schon beim geringsten Regenfall vor lauter Wasser und Schlamm überlief. Es war eine Zeit, in der selbst Lindberghs Alleinflug über den Atlantik einfacher war als eine Reise quer durchs Land mit dem Automobil. Reisende, die es bis in die große Mojave-Wüste geschafft hatten, bezahlten gerne dafür, ihre Autos auf Bahnwaggons zu laden, um eine Panne draußen in der riesigen Wüste zu vermeiden.

Nichtsdestoweniger waren es wirtschaftliche Gründe, die den Bau dieses Highways motivierten, aus dem einmal die Hauptstraße Amerikas werden sollte. Unter dem Einfluß der ersten, bald gegründeten US Highway 66 Association wurde aus dem Flickwerk von örtlichen Landstraßen und alten Wegen eine einzige Allwetter-Straße. Wichtiger noch, die Association verwandelte den Highway in etwas ganz anderes: *in die Idee, daß die Route 66 eine außergewöhnliche Erfahrung ist − ein Reiseziel in sich selbst.*

Aus einer bequemen Art und Weise, das Land zu durchqueren, wurde ein Reisegrund. Ein paar Reisetage auf der Route 66 wurden zur Highway-Tour, und die Begeisterung, auf der Straße zu sein, war mindestens so wichtig wie das Ankommen an einem Ziel.

Mitte der 30er Jahre begann der Highway, einen eigenen Mythos zu bilden, er wuchs über die Realität hinaus. Route 66 wurde zum Weg in den Westen. Als erster entdeckte John Steinbeck eine weibliche, nährende Qualität in der Route 66, nannte sie die »mother road« *(Mutterstraße)* und hämmerte sie zusammen mit der Joad-Familie für immer ins Bewußtsein der ganzen Nation.

Nach dem Zweiten Weltkrieg war Bobby Troup am Zug. Seine musikalische Landkarte über die Kicks auf der Route 66 wurde seither von unzähligen Musikern aufgenommen – von den Andrew Sisters bis zu den Rolling Stones und Michael Martin Murphy. Es war jedoch die erste große Aufnahme von Nat King Cole, die die Aussprache des Namens der Straße grundlegend ändern sollte. Erst nachdem die Amerikaner Coles Version des Songs gehört hatten, redeten plötzlich alle von der »Root Sixty-Six« (das Wort Route wurde zunächst »raut« ausgesprochen, Nat King Cole führte die Aussprache »rut« ein). Während der 60er Jahre wurde die Straße noch berühmter, als die von Stirling Silliphant und Herbert B. Leonard produzierte Fernseh-Serie Route 66 mit ihrer beliebten Nelson Riddle-Titelmusik im ganzen Land ausgestrahlt wurde.

Mit der Zeit war aus der US 66 sehr viel mehr geworden als nur ein Highway. Für Millionen, die auf ihr reisten (und Millionen, die noch auf ihr reisen werden), verwandelte sich diese Durchgangsstraße aus Beton in ein nationales Symbol: ein entscheidendes Zeichen für die Lebensweise aller Amerikaner. Ein Weg in bessere Zeiten – die wir nicht oft gefunden haben, auf die wir aber dennoch hofften. Route 66 verkörperte nicht nur, wer wir als Volk waren, sondern wer wir glaubten, sein zu können.

Doch die Zeit hat vieles geändert – für die alte Route 66 und für alle, die auf ihr reisten. In vielen Teilen wurde sie aufgegeben, in anderen Teilen wurde aus ihr eine »Frontage Road« (eine Zubringer- und Servicestraße, die parallel zur Interstate verläuft). Die magische Doppelzahl wurde anderweitig vergeben, und ein homogenisierter Fastfood-Freeway übernahm die Aufgabe der Sixty Six. Nachdem 1984 der letzte Abschnitt der Interstate 40 seiner Bestimmung übergeben wurde und die Verkehrsbehörden entschieden, alle US-66-Wegweiser zu entfernen, wurde aus den launigen Highway-Rhythmen ein Grabgesang. Doch hier steht mehr auf dem Spiel als nur der Verlust eines weiteren veralteten Highways – hier steht ein Teil von uns selbst auf dem Spiel.

Es sollte ein Sprichwort geben, das besagt, daß eine gute Straße sich nicht unterkriegen läßt. Man kann ihr vielleicht ihre Bestimmung nehmen, ihr die magischen Zahlen stehlen. Aber man kann die alte Route 66 nicht aus den Herzen und Gedanken von drei Generationen autofahrender Amerikaner vertreiben.

Überall im Land und selbst darüber hinaus ist eine Woge breiten öffentlichen Interesses für die alte Route 66 entstanden. Und entlang des großen alten Highways spüren die Einheimischen, daß die Reisenden, die das Erlebnis der Hauptstraße Amerikas suchen, sich mehr als nur oberflächlich dafür interessieren. Von Chicago bis Los Angeles haben sich in einzelnen Bundesstaaten und in regionalen Gruppen Route 66 Associations organisiert. Und die nationale Route 66 Association, die 1983 gegründet wurde, dehnt ihren Arbeitsbereich kontinuierlich aus. Auch der amerikanische Gesetzgeber unterstützt, auf Betreiben von New Mexicos Senator Peter V. Domenici, alle Wiederbelebungsanstrengungen. Und auch Sie können dazu beitragen.

Schon indem Sie einmal auf der alten Straße fahren oder sogar auf ihr entlangradeln (es gibt organisierte Fahrradtouren) und die wirklich wunderbaren Menschen besuchen, die man hier treffen kann, werden Sie Teil des Geistes und des Route-66-Erbes in Amerika. Wenn Sie den alten Straßenkarten in diesem Buch folgen, dann wird Ihnen die dünne, gewellte Linie, die einmal die Route 66 war, zerbrechlich erscheinen –

oft völlig zerschnitten von der doppelspurigen Interstate. Aber es ist immer noch eine ganze Menge Feuer und Wärme in der alten Dame. Also saugen Sie alles in sich auf, erkunden Sie die Straße und nehmen Sie Anteil an dem, was Sie finden. Genießen Sie jede Kurve, jede lange, in die Landschaft gestanzte Gerade, jeden Stopp am Wegesrand. Lassen Sie für sich und diejenigen, die sie lieben, diese wunderbare, vergangene Zeit auferstehen. Eine Zeit, die Sie auf der Hauptstraße Amerikas wiederentdecken können. Willkommen auf der alten Straße —

Willkommen auf der Route 66.

Ein kurzer Blick zurück

Wenn vom »Auto Club« die Rede ist, denken die meisten von uns heute nur noch an die kleine magische Plastik-Scheckkarte, die uns aus Schwierigkeiten rettet, wenn die Batterie an einem regnerischen Montagmorgen ihren Geist aufgibt oder ein abgefahrener linker Hinterreifen irgendwo westlich von Nirgendwo platzt. Und das ist wirklich schade. Weil der »Auto Club« sehr viel mehr ist und vor allem eine reiche Geschichte hat.

Außer einer Handvoll städtischer Organisationen und kleiner automobiler Gesellschaftsvereine war der Automobile Club of Southern California praktisch einzigartig, als er im Jahre 1900 als Service-Organisation gegründet wurde. Die Fliegerei, Radio, Fernsehen, aufblasbare Reifen, das Ford Modell T — und ganz sicher auch der Abschleppwagen — all das war noch Zukunftsmusik. Selbst die heute allgegenwärtige American Automobile Association (AAA) sollte mehr als zwei Jahre noch auf sich warten lassen.

In einer Zeit, in der die meisten Landkarten nicht viel mehr als Kritzeleien auf der Grundlage ungefährer

Schätzungen waren, stellte der Automobile Club of Southern California von allen wichtigen Straßen in den Vereinigten Staaten zum ersten Mal detaillierte Vermessungen an. Im Jahre 1920 begann der Club den National Old Trails Highway und den Lincoln Highway von Los Angeles nach New York City und Washington, D. C. zu kartographieren. Mit Hilfe eines Roadsters, der mit einem Meilenzähler, einem Kompaß, einem Winkel- und einem Höhenmesser ausgerüstet war, dokumentierte eine Zwei-Mann-Crew im ersten Jahr bereits 25 000 Highway-Meilen und im Jahre 1921 noch einmal die gleiche Entfernung.

Die schmalen Karten, die Sie in unserem Führer finden, basieren auf dieser, später vervollkommneten, ersten — und bis heute erstaunlichen — Anstrengung des Automobile Club of Southern California. Mit neuesten elektronischen Vermessungsmethoden und mit Hilfe digitaler Technologie ist der Automobile Club of Southern California auch heute noch eine treibende Kraft in der Entwicklung der Kartographie.

Eine letzte Anmerkung: Vergessen Sie nicht, daß die Anzeigen in diesem Führer aus den 30er Jahren stammen und für Geschäfte an der Route werben, die heute geschlossen sind.

Zum Gebrauch der klassischen Karten

Jede dieser Karten ist ein erstklassiges Beispiel für die Kunst des Kartographen. Jede Darstellung, mit allen detaillierten Formen der Landschaft, Flüsse, Teiche, Gebäude, Straßen und Städte, ist von unschätzbarem Nutzen, um viele Abschnitte der alten (und alten, alten) Route 66 wiederzuentdecken, die oft seit dreißig Jahren oder mehr stillgelegt sind. Selbst Bahnlinien werden manchmal in solch einem Zeitraum verlegt oder verschwinden ganz. Doch die Berge, Täler und die (meisten) Flüsse sind dort geblieben, wo sie einmal waren, und diese Karten zeigen das deutlich. Sie werden also Spaß daran haben, mit Hilfe der Karten die alten Teile der Route 66 aufzuspüren, die Sie am meisten interessieren. Selbst im Zeitalter der Satelliten-Fotografie und Computer-Bearbeitung sind diese wunderschön hergestellten, kleinen Landkarten Juwelen an Information und Genauigkeit.

Um Ihnen den Übergang von den Superhighways auf die alte Route 66 zu erleichtern, wurde der Verlauf der Interstates mit Hilfe eines Computers als gepunktete Linie — die entsprechende Interstate-Numerierung steht daneben — in die alten Karten kopiert. Ein paar nicht mehr existierende oder gar völlig zerstörte Abschnitte der alten Route 66 wurden dort, wo die Markierungen zu Irrtümern führen könnten, aus der Karte entfernt.

Ansonsten erscheinen die Karten hier genauso, wie sie im Original veröffentlicht wurden. Der größte Teil stammt aus der Ausgabe *National Old Trails Road and U. S. Highway 66* von 1933. Der Abschnitt Santa Rosa — Albuquerque stammt aus einem Heft, das nach der Fertigstellung dieser Strecke im Jahr 1937 veröffentlicht wurde. Eine gesonderte Karte wurde benutzt, um das letzte Segment von Los Angeles nach Santa Monica abzudecken, das in der Publikation von 1933 nicht enthalten war.

Aneinandergelegt ergeben diese detaillierten Karten fast zehn Meter und decken die Route 66 in allen Einzelheiten ab. Mit den einkopierten Interstates zeigen die kleinen Streifen-Karten die Straße, wie sie für den Reisenden heute am leichtesten zu erreichen und zu befahren ist.

ROUTE-66-
STRECKENPILOT

Wenn Sie zu den Menschen gehören, denen die Schinderei auf der Interstate zum Halse heraushängt, zeigt Ihnen dieser Führer, wie sie leicht auf Teile der alten Route 66 finden und wie sie wieder zurückkommen auf die Interstate. Zunächst haben Sie vielleicht nur ein paar Stunden Zeit. Und das ist prima. Wenn Ihnen das Gefühl, auf einer alten einspurigen Straße zu fahren, Spaß macht, wenn Sie die Erfahrung, sich in eine andere Zeit zurückversetzen zu lassen, suchen, wenn Sie so sind wie wir übrigen — Reisende, die von der Route 66 verzaubert wurden —, dann werden Sie mit Sicherheit bald zurückkommen für die ganze Tour. In der Zwischenzeit macht es natürlich auch eine Menge Spaß, in Gedanken zu reisen.

Dennoch — dieser Führer wurde nicht für die Konversation am Kaffeetisch geschrieben. Er ist am nützlichsten, wenn Sie ihn immer griffbereit im Handschuhfach haben. Er sollte eine Menge Eselsohren haben und braune Ecken und ein paar Fruchtsaftflecke von Ihren liebsten Route-66-Cafés und Grill-Buden. Und wenn der Buchumschlag als Dichtung in einem Seitenfenster landet, durch das es zieht — um so besser. Wenn die Seiten wirklich schlimm aussehen, streichen Sie den Führer mit Goldbronze an. Das ist vielleicht die beste Art und Weise, ihren Erlebnissen auf der alten Straße ein Denkmal zu setzen.

Ein weiterer Vorschlag: Wenn Sie nicht schon Mitglied im »Auto Club« sind, sollten Sie sich überlegen, ob Sie nicht beitreten wollen. Das ausführliche Tourenbuch mit allen Übernachtungsmöglichkeiten, die exzellenten örtlichen Karten, die der Club anbietet, sind ganz sicher mehr wert als die jährliche Mitgliedsgebühr. Und der Abschleppwagen ist umsonst.

Aber vergessen Sie nicht, zu viele Vorplanungen töten jedes persönliche Abenteuer, jegliche Romantik und all die Entdeckungen, die Sie machen, wenn Sie die alte Straße selbst erforschen. Das Ziel dieses Führers ist es, eine Balance zu finden zwischen Tour-Kommentar und Ihrem Recht, den eigenen Weg zu finden, eigene Entdeckungen zu machen und zu entscheiden, wann Sie wieder auf die Interstate zurückmüssen, um ein wenig Zeit gutzumachen.

Auch wenn Sie nur ein Gelegenheits-»Roadie« sind, wird es Sie freuen zu wissen, daß die alte Route 66 — mit ein paar Ausnahmen — Sie immer noch vom Michigan-See an die kalifornische Küste bringt. Die meisten Orte und der größte Teil des Original-Straßenbetts sind immer noch da, und es wird Ihnen Spaß machen, das Land auf eine Weise zu sehen, wie Sie es nie zuvor gesehen haben. Und es wird Ihnen Vergnügen bereiten, die Menschen zu treffen, deren Leben dieser Highway ist. Es sind gute Menschen.

Und vergessen Sie nicht, alle von uns zu grüßen.

Illinois

Man mag versucht sein zu glauben, daß die Route 66 von Chicago nach Los Angeles ein glücklicher Zufall ist. Denn die Doppelsechs war wenig mehr als das — zunächst war die Straße für kurze Zeit sogar auf die Zahl 60 getauft worden. Aber die Wahrheit ist, daß es eine starke Beziehung zwischen Illinois und Kalifornien gibt, die bis zur Jahrhundertwende, vor die Entstehung der Straße zurückreicht. Damals bereits wurde diese Route, aus der einmal der Highway 66 werden sollte, aus bereits existierenden Wegen zusammengeflickt. Und es waren wirklich nicht viel mehr als Wege, Fährten, Pfade, Sträßchen entlang von Zäunen oder unbefestigten Straßen, die von Bauernhöfen zu Märkten führten. Selbst Privatwege wurden mit den Postkutschen-Routen weiter im Westen zusammengeschustert, um so etwas wie eine fortlaufende Strecke zu schaffen. Gerade rechtzeitig für den unaufhaltsamen Strom von Tin Lizzys, die Henry Ford 1908 erstmals vom Fließband produzierte.

Geschäfts- und persönliche Verbindungen zwischen Chicago und Los Angeles gab es schon seit einiger Zeit. Und auch einer der allerersten Filmemacher Hollywoods kam nicht aus New York, sondern aus Chicago. Der Winter des Jahres 1907 hatte Francis Boggs und seine kleine Produktionsfirma an den Rand des Ruins getrieben. Nur die Innenaufnahmen zu seinem Zwölfminutenepos *Der Graf von Monte Christo* waren abgedreht, als der Schnee schließlich alle Hoffnungen auf Außenaufnahmen zunichte machte. Boggs, seine

Crew und seine Darsteller zogen nach Westen auf der Suche nach besseren Bedingungen und nach Licht, das der geringeren Lichtempfindlichkeit der Filme dieser Zeit entgegenkam. Sie fanden, was sie brauchten, in Los Angeles — strahlenden Sonnenschein, billigen Grund und Boden sowie Film-Landschaft, die nichts kostete. Ince, Sennett, DeMille und andere folgten, aber es war Boggs aus Chicago, der den Weg geebnet hatte. Selbst der Name *Hollywood* kam nicht von den Holly Trees (Stechpalmen), die dort später gepflanzt wurden, sondern von einem Ort im nördlichen Illinois.

Von all den Staaten im Mittelwesten war Illinois schon immer das Handelszentrum, der Wegbereiter und der Vorkämpfer im Straßenbau. Chicago war der Mittelpunkt — und von hier wurde alles importiert und exportiert, was sich nur vorstellen läßt. Aber in die Falle eines Vergleichs ließ sich die Metropole nicht locken, und so nannte sich Chicago lieber die *windige Stadt (Windy City)* als die Zweite Stadt. Denn nichts ist zweitklassig an Chicago. Die ungeheuerliche Mischung von schwarzer Südstaaten-Coolness, Yankee-Liberalismus und Arbeiter-Gesinnung, der typischen Zurückhaltung des Mittelwestens und der kommerziellen Macht mag manchmal politisch unbeholfen sein — doch sie ist ständig in Bewegung.

Niemand weiß so gut wie die Anhänger des Baseball-Teams der Chicago Cubs, wie nahe Begeisterung und Verzweiflung beieinander liegen. Und nirgendwo wird es frostiger als im Stadion von Soldier Field, wenn das Football-Team der Bears eine Pechsträhne hat. Chicago hat deftige Poesie exportiert, Prärie-Architektur, Unmengen Schweine, die ein unglückliches Ende als Schinken genommen haben, ungezählte Studs Terkelismen, einen großen Teil der Original-Besetzung der Satire-Sendung *Saturday-Night Live*.

Es ist gut, diese Dinge zu wissen, wenn Sie Ihre Tour

auf der Route 66 von Ihrem Startpunkt aus beginnen. Mit der Ostküste jedenfalls hätte man Los Angeles ganz sicher nicht erfolgreich verbinden können. Und selbst heute, in einer Zeit, in der Amerika von beiden Küsten aus gemanagt wird, haben Süd-Kalifornien und New York zu wenig Gemeinsamkeiten. Nur Chicago — dieser hingeworfene Haufen mitten im Herzen von Amerika — konnte der Ankerpunkt für einen großen Highway Richtung Westen sein. Einen Highway, den Fabrik- und Feldarbeiter, Tramper, Geschäftsleute, Lehrer, Trucker und Liedermacher sich gleichermaßen zu eigen machen würden. Chicago war und ist genau der richtige Ort für einen Start.

Von Chicago nach Bloomington

Zuerst sollten wir einmal einige Irrtümer aufklären über den Ursprung des Highways in der Innenstadt von **Chicago.** Die alte Route 66 begann ursprünglich an der Ecke Jackson Boulevard und Michigan Avenue, ein paar Blocks nördlich von der Stelle, wo sich heute die Interstate (I) 55 von der I-90 und der I-94 trennt. Nach der Weltausstellung 1933 wurde der Anfangspunkt weiter nach Osten zum Lake Shore Drive an den Eingang des Grant Parks verlegt. 1955 wurde aus dem Jackson Boulevard eine Einbahnstraße in östlicher Richtung, und die Adams Street, ein Block nördlich, wurde ihr Counterpart nach Westen. Heute ist die direkteste Route Richtung Westen also die neuere Strecke über die Adams Street.

Schon nach wenigen Blocks fahren Sie vorbei an zwei der großen Wahrzeichen Chicagos — Stätten, die Generationen von Amerikanern unweigerlich die alte Route 66 hinuntergetrieben haben.

Ein paar Blocks im Norden, an der Ecke Des Plaines

und Randolph Street, nahm die Haymarket Tragödie ihren Lauf. Dort demonstrierte um die Jahrhundertwende eine Gruppe von Menschen, die man damals *Anarchisten* nannte, für einen Achtstundentag und gegen die Brutalität der Polizei, die den Kampf für erträgliche Bedingungen am Arbeitsplatz mit aller Gewalt unterdrückte. Eine Bombe wurde geworfen — bis heute weiß niemand von wem —, das Resultat waren zahlreiche Tote unter den Demonstranten wie auch auf seiten der Polizei. Die Organisatoren der Demonstration wurden von einem befangenen Gericht verurteilt, die meisten von ihnen umgehend gehängt, ohne die Möglichkeit einer Berufung. Es war der Anfang der *Roten Angst* in Amerika und der Beginn der industriellen Reformbewegung.

Nur wenige Blocks in die andere Richtung an der Halstead Street unterhalb der Polk (Straßennamen stehen in Amerika häufig ohne die Bezeichnung Street, Road oder Avenue), steht das Hull Haus, ein Pionier-Projekt von Jane Addams. Sie hatte die Auswirkungen der industriellen Armut und die Ausbeutung der Einwanderer gesehen und ein Programm für die ganze Familie, für die ganze Nachbarschaft ins Leben gerufen. Sie sorgte für die ersten Kinderkrippen, für Wohlfahrtsprogramme und Erwachsenenbildung für Arme. Wie die Arbeiterbewegung und die spätere Wanderung in der Zeit des »Dust Bowl«, waren auch diese Wohnprojekte in den frühen Jahren der Depression und des städtischen industriellen Zusammenbruchs ein wichtiger Faktor für die Expansion nach Westen entlang der alten Route 66.

Von der Adams Street, kurz hinter der Ashland Avenue, müssen Sie auf die Ogden Avenue abbiegen und in südwestlicher Richtung durch **Cicero** fahren. Der Vorort war einst das Zuhause der Gangster von Chicago. Ciceros Straßen waren in alle Richtungen von

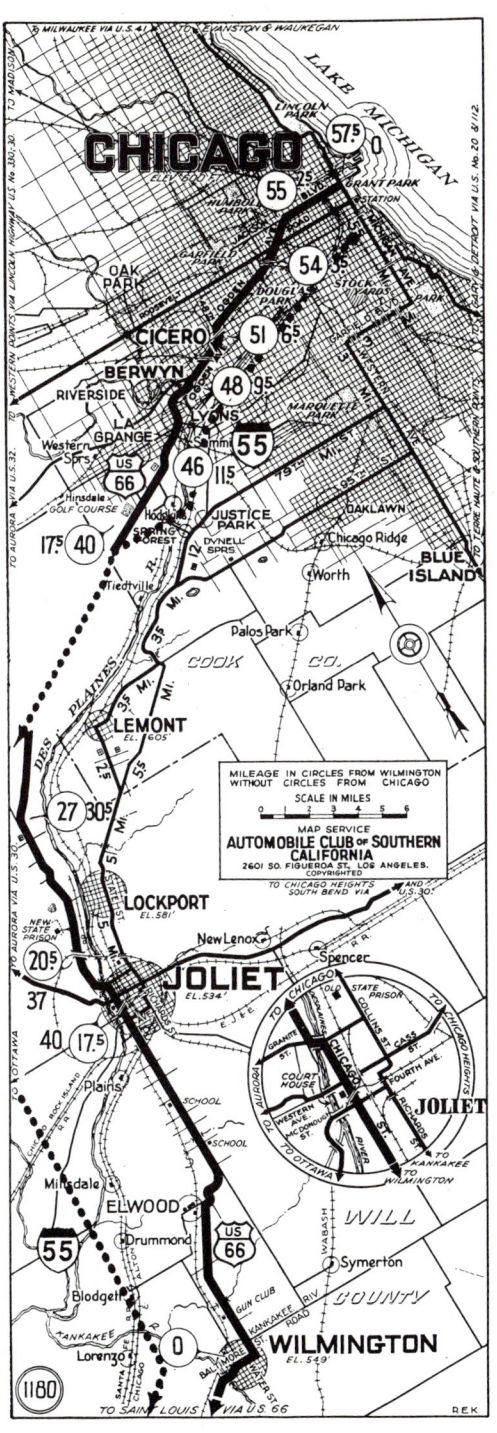

unterirdischen Tunnels durchzogen, und so konnten sich die Gangster und Alkoholschmuggler unentdeckt zwischen illegalen Kneipen und Bordellen hin- und herbewegen, und selbst Eliot Ness und seine *Unbestechlichen* waren genau so schlau wie zuvor.

Heute arbeitet Cicero hart an seinem blitzsauberen Image, das nun fast zu sauber ist. Doch einige der Tunnels sind immer noch da. Vielleicht ist sogar einer direkt unter der Kreuzung der Ogden und der Cicero Avenue. Wie auch immer, fahren Sie weiter durch **Berwyn,** dann Richtung Süden auf die Harlem Avenue, die in Lyons zur State Route (SR) 43 wird, und biegen Sie in südwestlicher Richtung auf die Joliet Road ab.

Da die I-55 in weiten Teilen direkt auf der alten Joliet Road gebaut wurde, müssen Sie hier auf die Interstate. Verlassen Sie die Interstate an der Ausfahrt Joliet Road south, und folgen Sie der alten Route nach **Joliet.** Eine spätere Version der Route 66 führte auch durch **Plainfield.** Doch empfehlen kann man diese Strecke kaum. Fahren Sie weiter auf der State Road 53 durch Joliet oder, wenn Sie die Stadt umfahren wollen, bleiben Sie auf der I-55 bis zur Ausfahrt Wilmington.

Südlich von **Wilmington** ist die Route zum großen Teil ein neuerer vierspuriger Highway. Ein wenig nördlich von Elwood hinter einer schmalen Brücke biegt eine ältere zweispurige Strecke nach Osten ab. Halten Sie Ausschau nach den verwitterten Telefon-Masten — die übrigens häufig ein Zeichen für ein ganz altes Stück Route 66 sind —, und fahren Sie weiter über die Manhattan Road zur Mississippi Road und so zurück zur State Road 53. In der Kurve wird aus der zweispurigen Fahrbahn die Elwood Road, die schließlich wieder den neueren Highway kreuzt. Fahren Sie westlich auf der alten Fahrbahn bis ganz nach **Elwood.** Dort folgen Sie der Douglas, bis diese am südlichen Ende der Stadt wieder auf die State Road 53 führt.

Wenn Sie nach Wilmington gekommen sind, folgen Sie der alten Route westlich auf der Baltimore (State Road 53) und fahren dann weiter Richtung Süden durch **Braidwood, Godley** und **Braceville.** Entlang dieses zweispurigen Highways sind die ersten Wahrzeichen der alten Route 66 zu sehen und auch die ersten zünftigen Kneipen am Straßenrand. Südlich von **Gardner,** wo die State Road 53 zurück Richtung Norden führt, biegen Sie scharf links in südlicher Richtung ab und fahren weiter auf diesem alten zweispurigen Abschnitt der Route 66. Sie können aber auch auf der Interstate 55, die der alten Route parallel folgt, in südlicher Richtung nach Bloomington fahren.

Vierspurige Umgehungen wurden Ende des Zweiten Weltkrieges um die Städte **Dwight** und **Towanda** gebaut, aber man kann auf der Ostseite der Interstate, zwischen der neuen vierspurigen Fahrbahn und der Eisenbahnstrecke, immer noch einige gute Stücke des alten Highways finden. In Dwight finden Sie das »Carefree Motel« und eine »Marathon Oil« Tankstelle — beide stammen aus den 30er Jahren. In der Nähe von **Cayuga** sollten Sie nach einer Fotogelegenheit Ausschau halten: Zwischen einer Ansammlung von Farmgebäuden kann man immer noch die auf eine Scheunenwand gepinselte Werbung für die »Meramec Caverns« (Meramec-Höhlen) an der Route 66 in Missouri sehen.

Schon in den frühen Tagen der alten Straße war die Werbung für die Meramec-Höhlen bunter und aggressiver als vieles andere am Highway. Die Höhle ist auch heute noch eine tolle Attraktion; überlegen Sie sich, ob Sie dort nicht anhalten wollen. Außerdem ist die Begeisterung ja Teil des Reisens — genauso wie die ständige Frage, ob wir schon *dort* sind. Da Sie ja nun erwachsen sind, können Sie sogar die Füße aus dem Autofenster strecken, wenn Sie Lust dazu haben. Na ja, wenig-

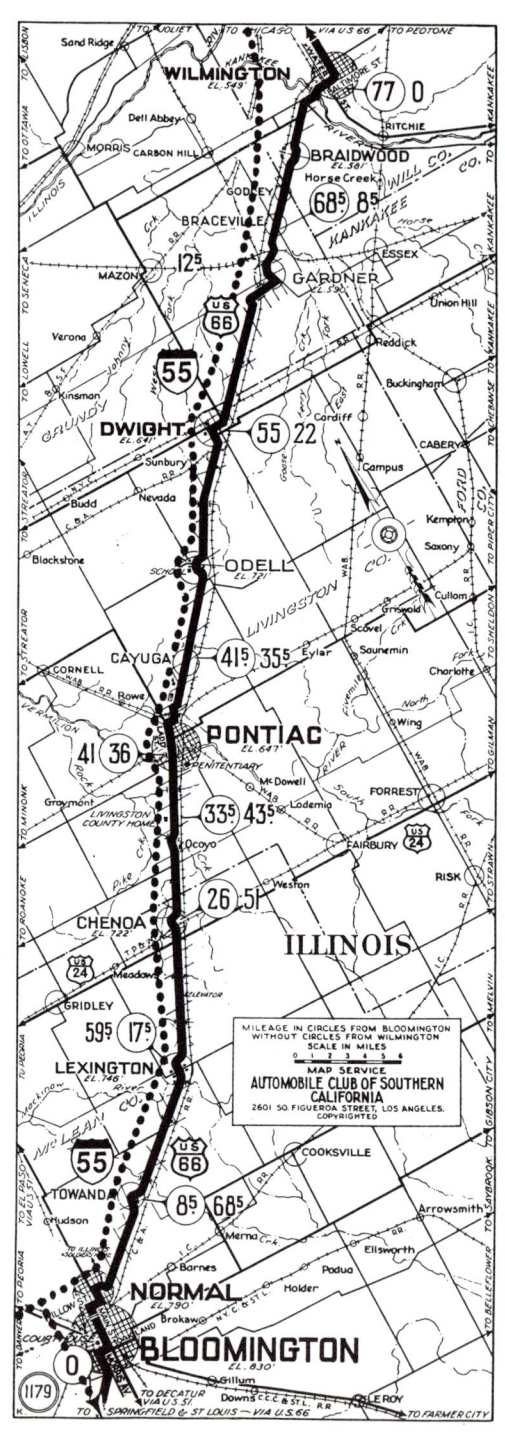

stens für eine Weile . . . aber lassen Sie ihre Socken an.

Ein Geschäft am Highway zu führen, ist keine leichte Aufgabe. Wenn das Straßenbauamt ankündigt, den Highway zu verlegen, ist das Überleben manchmal unmöglich. Manche Menschen packen ihre Siebensachen und gehen, andere bleiben und versuchen durchzuhalten. Manche entwickeln in ihrer Verzweiflung eine besondere Form der Kreativität. In der Nähe von **Pontiac** steht das »Old Log Cabin Inn«. Eigentlich ist es eine geringfügig neuere Version. Das alte Inn stand direkt an der Fahrbahn der alten Route 66, ganz in der Nähe der Eisenbahn. Als jedoch eine neuere Route-66-Strecke geplant wurde, die hinter dem Gebäude vorbeiführen sollte, legte sich selbst das Straßenbauamt ins Zeug, und so war das Problem bald gelöst. Das gesamte Gebäude wurde hochgehoben, umgedreht und wieder verankert — mit der Vorderfront zur neueren Route 66. Wenn Sie in der Zwischenzeit Hunger bekommen haben, halten Sie an. Aber lassen Sie Platz für ein Stück Kuchen.

Fahren Sie südlich Richtung **Bloomington**. Wie ein altes Ehepaar sind **Normal** und Bloomington zusammengewachsen. Beide Städte haben Universitäten, und beide haben alte Route-66-Architektur. Wenn Sie auf der zweispurigen Fahrbahn in die Stadt kommen, fahren Sie im Zickzack die Pine, Linden und Willow bis zur Main Street. Folgen Sie der Main Street, bis aus ihr eine Einbahnstraße in nördlicher Richtung wird, dann folgen Sie der US 51 south und fahren über die Oakland und Morris in Richtung Osten. Kurz vor dem Business Loop (so heißen in den USA Straßen, die von der Interstate durch einen Ort und wieder zurück auf die Interstate führen) biegen Sie rechts auf die Service Road ab, dann noch einmal rechts auf die Beich, ihr folgen Sie südlich der Stadt.

Berühmte Leute kamen aus Bloomington. Adlai Stevenson lebte hier, ein Mann, der zeigte, daß ein Leben als Politiker auch dem Gemeinwohl dienen kann. Major Gordon W. Lillie, der als »Pawnee Bill« der große Star einer Wild-West-Show war, wurde 1866 hier geboren. Auch der heute berühmte Chirurg Henry Braymore Blake M. D. wuchs in Bloomington auf und besuchte hier die Universität. Colonel Blake kam an einem strahlenden Sommertag des Jahres 1951 ums Leben, als das Militärflugzeug, mit dem er von seinem Dienst aus Korea zurückkehrte, über dem Meer vor Japan abgeschossen wurde. Trotz der Bitten vieler Besucher hat die Stadt dem Manne bisher weder ein Denkmal noch eine kleine jährliche Parade gewidmet.

Von Bloomington nach St. Louis

Auf der Westseite der Interstate fahren Sie nun südlich Richtung **McLean**; nehmen Sie sich ein wenig Zeit, um »Funk's Grove« kurz hinter **Shirley** zu besichtigen. Biegen Sie in westlicher Richtung über die Schienen ab — dort befindet sich einer der fotogensten Punkte auf diesem Teil der Route. Hier können Sie ein altes Eisenbahn-Depot sehen und einen wirklich antiken Antikshop. Fahren Sie zurück auf die alte Straße. Ein wenig weiter im Süden steht die berühmte Ahornsirup-Fabrik. Wenn Sie allerdings vorhaben, auf dieser Strecke im Spätjahr zu fahren, machen Sie ihre Reservierungen rechtzeitig. Die Funks stellen diesen Sirup bereits seit dem 19. Jahrhundert her und sind sehr schnell ausverkauft. Und lassen Sie es sich von jemandem gesagt sein, der etwas davon versteht — dies ist *exzellenter* Ahorn-Sirup. Und was noch besser ist, zu Hause haben Sie nach ihrer Heimkehr ein kleines Stück alte Route 66 im Kühlschrank.

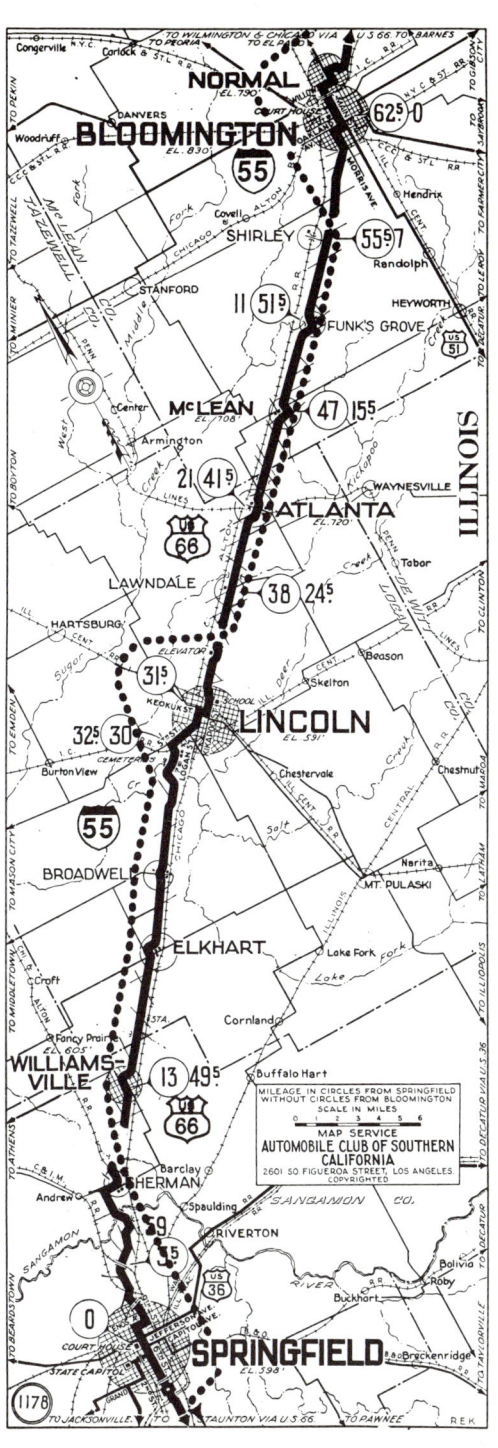

Sind Sie schon hungrig? Erinnern Sie sich an den Platz, den Sie in ihrem Magen für ein Stück Kuchen gelassen haben (oder lassen sollten)? Nun, es ist fast schon auf ihrem Teller. Das »Dixie Truckers Home« in McLean ist nicht mehr weit. Das Dixie wurde wenige Jahre, nachdem die Route 66 im Jahr 1926 designiert wurde, gebaut und war von Anbeginn ein Lieblingsstopp für viele, die auf diesem Teil des Highways reisten. In all diesen Jahren hat die Raststätte nur einen Tag lang zugemacht. Das war im Jahr 1965, als das erste Dixie niederbrannte. Auch heute noch gibt es hier gutes Essen und großartige Pies. Das »Dixie Truckers Home« unterstützt außerdem alle Bestrebungen, die Route 66 in Illinois wiederzubeleben. Was könnte sich ein »Roadie« mehr wünschen?

Von hier folgen Sie der US 136 ein kurzes Stück Richtung Westen. Dann krümmt sich die alte Route nach Süden in Richtung Atlanta. Auf dem Business Loop 55 fahren Sie durch **Lincoln**. Folgen Sie der Kickapoo westlich auf die Keokuk zur Logan. Fahren Sie über die 5th Street zur Washington und Stringer. Lincoln ist kein großer Ort, es ist also ziemlich einfach, durch das Dorf zu finden. Wenn Sie das Dixie ausgelassen haben und jetzt dringend einen Kaffee brauchen, an der Ecke Washington und Stringer steht das »(Dutch) Mill Restaurant«, das bereits seit 1931 in Betrieb ist.

Von hier bis weit hinter Springfield sind Sie in Lincolns Land. Und tatsächlich gibt es einige wunderbare Sehenswürdigkeiten zu Ehren des 16. Präsidenten der Vereinigten Staaten. Leider wird einem das manchmal mit dem Kommerz-Hammer eingebleut. Sollten Sie also irgendeinen Ort finden, der nicht damit wirbt, daß Lincoln hier gearbeitet, gewohnt oder gestanden hat, dann sollten Sie die »Touristen-Polizei« anrufen und ihr einen anonymen Tip geben.

Die vierspurige Straße ist der leichtere Weg durch

Elkhart und **Williamsville,** obwohl sie auch hier Abschnitte der alten, alten Straße finden können, wenn Sie sich ein wenig Zeit nehmen, sie zu suchen. Südlich von Williamsville endete die alte Straße, und Sie müssen auf der Interstate 55 Richtung Springfield weiterfahren. Nehmen Sie die Sherman Ausfahrt, und folgen Sie dem Business Loop durch die Stadt, der fast mit der alten Route 66 identisch ist. Über den ganzen Ort verteilt gibt es Stücke des alten Straßenbetts — eine Fahrbahn verläuft sogar unter dem Springfield-See. Manchmal, wenn der Wasserstand sehr niedrig ist, kann man die Reste der alten Straße sehen.

Wenn Sie auf dem Business Loop 55 in südlicher Richtung durch **Springfield** fahren, haben Sie eine ganze Auswahl von Routen. Sie können in westlicher Richtung auf der South Grand fahren, dann die MacArthur Street bis zur Wabash nehmen, bis zur Chatham Road und Spaulding Orchard Road fahren und dann nach Süden auf die alte State Road 4 abbiegen. Dies ist eine alte, alte Version der Route 66 aus den 20er Jahren. Wenn Sie ein wahrer Fan von verfallenen Straßen sind, sollten Sie dieser Strecke folgen. Die Straße ist hier angelegt wie eine ganze Reihe südlicher Sprünge auf einem gigantischen Schachbrett. Doch die Karte stimmt mit dieser Straße durch **Virden, Carlinville** und **Staunton** ziemlich genau überein.

Wenn Sie Überreste aus den 30er Jahren an der Route 66 interessanter finden, dann fahren Sie weiter auf dem Business Loop 55 und nehmen die Ausfahrt Chatham. Folgen Sie der alten Route 66 auf der Westseite der Interstate in südlicher Richtung nach **Glenarm,** wo Sie in »Mort's Roadhouse« vielleicht einen Schuß »Kultur« tanken wollen. Das Gebäude selbst stammt aus dem Jahr 1893 und war die meiste Zeit seines Lebens eine Autowerkstatt — was erklären mag, warum das Roadhouse gerade auf Motorradfahrer

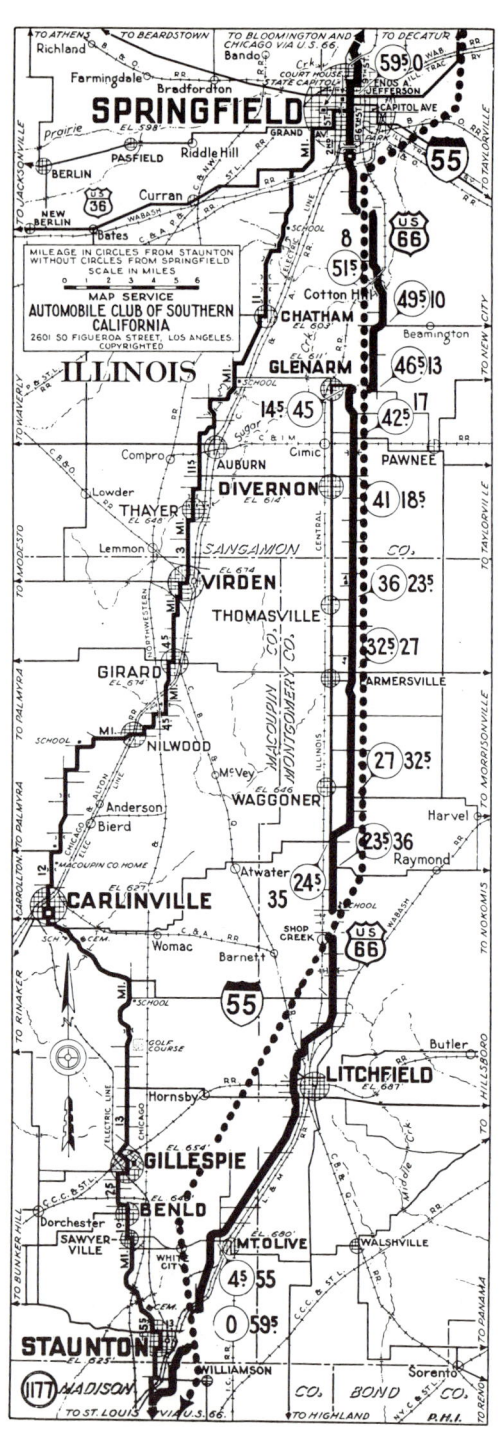

solch eine Anziehungskraft ausübt. Also seien Sie ein Kerl . . . aber bringen Sie ihr Lederzeug mit. Dies ist gereifte, alte Route 66. Fahren Sie Richtung Süden bis zur Sackgasse, dann überqueren Sie die Interstate 55 auf die Ostseite und steuern in südlicher Richtung nach **Litchfield** und **Mt. Olive.** Litchfield ist die Heimat des »Ariston Cafe«, ein weiteres Route-66-Original.

Gegenüber von Staunton überqueren Sie die Interstate 55 wieder, um dort den Anschluß auf die State Road 4 zu bekommen. Bleiben Sie auf der westlichen Seite, und biegen Sie dann auf die State Road 157 ab. Wenn Sie in der Dämmerung oder bei Nacht durch **Hamel** kommen, achten Sie auf ein Neon-Kreuz, das Sie sicher auf ihrem Weg geleitet. Es ist blau und groß, und den meisten Reisenden wird's im Angesicht des Kreuzes ganz warm ums Herz. Obwohl Neonlicht, hat das Kreuz etwas Geschmackvolles — nicht zu vergleichen mit den Leuchtfeuern, die sich auf einigen Kirchendächern in der Gegend von Los Angeles im Kreis drehen und die Gotteshäuser aussehen lassen wie ein Fastfood-Restaurant. Nein, dieses Kreuz ist anders, ganz besonders im Regen. Es wurde von der Familie Brunnworth, deren Sohn Oscar bei der Invasion in Italien im Zweiten Weltkrieg ertrank, vor der lutherischen St. Paul's Kirche aufgestellt.

Folgen Sie der State Road 157 südlich durch **Edwardsville** bis zur Kreuzung Chains of Rocks Road, nur wenig nördlich der Interstate 270. Hier haben Sie wieder die Wahl zwischen mehreren Routen. Wenn Sie St. Louis bereits kennen oder nur wenig Zeit haben, dann sollten Sie die Stadt auf der Interstate 270 umfahren und auf der Westseite auf die alte Straße zurückkehren. Von den alten Route-66-Wegen über den Mississippi ist noch die McKinley-Brücke zu befahren.

Dennoch wollen Sie vielleicht einen kleinen Spaziergang auf der Chains-of-Rocks-Brücke machen, deren

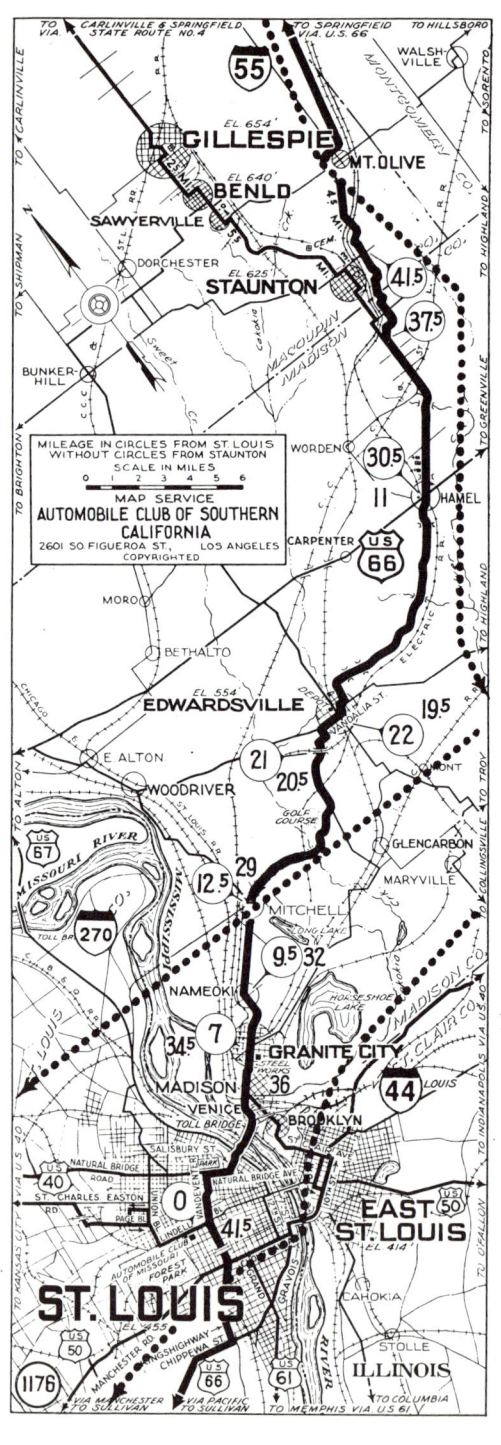

Bau im Jahr 1927 begann und die bis in die 60er Jahre in Betrieb war. Sie ist eine der ganz wenigen Brücken auf der Welt mit einem radikalen Knick in der Mitte.

Die Brücke selbst ist in sehr gutem Zustand und ein Verweilen wert. Von der State Road 157 nehmen Sie hinter **Mitchell** die Chains of Rocks Road in westlicher Richtung. An der Kreuzung mit der State Road 201 überqueren Sie die Straße bis auf die Südseite der Interstate 270 und folgen dann der Chains of Rocks Road. Fahren Sie weiter über die Kanalbrücke bis ans Ende der zweispurigen Straße, wo eine Barriere aus Erde und Reifen die Durchfahrt versperrt. Die Brücke beginnt nur wenige hundert Meter dahinter.

Fahren Sie die Straße entlang bis ans Flußufer, von hier können Sie die Brücke in ihrer ganzen Schönheit sehen. Sie ist für die Dreharbeiten von John Carpenters Film *Die Klapperschlange (Escape from New York)* 1981 neu asphaltiert worden. Es war genau diese Brücke, über die Kurt Russell mit der schwarzen Augenklappe in die Freiheit flüchtete und auf der Adrienne Barbeau ihre letzten Atemzüge in die Nacht hauchte.

Wenn Sie die nördliche Umgehung um St. Louis gefahren sind, dann kehren sie auf die Interstate 270 in westlicher Richtung zurück. Um die McKinley-Brücke von **Venice** zu erreichen, nehmen Sie von Mitchell die State Road 203 in südlicher Richtung. Fahren Sie weiter durch **Granite City,** nehmen Sie die Nameoki Road (State Road 203) bis zur Madison Avenue, aus der in Venice die Broadway Avenue wird. Fahren Sie über die 4th Street geradeaus auf die McKinley-Brücke. Sie ist seit über 80 Jahren in Betrieb, deshalb ist der Straßenbelag auch in schlechtem Zustand. Diese Route durch Venice verlangt zudem ein wenig Vorsicht. Dies ist kein Stadtteil, in dem man einen platten Reifen haben, mit leerem Benzintank liegenbleiben oder irgend jemanden auf der Straße etwas fragen sollte.

Missouri

Die meisten Ortsnamen leiden, übersetzt man sie aus einer Muttersprache und zieht sie später auch noch zusammen. Nicht so *Aux Arc (Zum Bogen),* der Name einer frühen Handelsniederlassung in Missouri. In seiner Originalsprache Französisch ist das Wort einfach und einsichtig — wie ein paar Schuhe mit Schnürsenkeln. In seiner modernen Form jedoch ist *Ozark* ein mythisches Wort geworden. Ein Rätsel. Weder düster noch ominös, vielmehr ein Flüsterwort voller zeitloser Geheimnisse. Die Ozarks — eine Landschaft voller unabhängiger Menschen mit einem weichen Lächeln und einer natürlichen starken Zurückhaltung — Rückgrat des »Show Me«-Staates.

Der Missourianer, seine Hände tief in den Hosentaschen, wartet gern eine Stunde ab, was Sie zu sagen haben, welches Angebot Sie machen oder auch, wenn Sie ihn nur nach dem Weg fragen. Am Ende weiß er alles über sein Gegenüber, und Sie wissen nicht viel mehr als eine Stunde zuvor. Manche glauben, das sei ganz natürlich für Leute, die seit Generationen von Bergbau und Landwirtschaft leben und mit Glücksspielern auf Raddampfern, »verdammten Yankees«, Kansas-Guerillas und dem Wetter in ständiger Auseinandersetzung leben. Und das mag so sein. Not lehrt die Menschen Geduld, doch kaum die Kunst der leichten Konversation.

Das soll nicht heißen, daß Menschen aus Missouri humorlos sind, weil das ganz sicher nicht richtig ist. Welcher andere Bundesstaat mit solch beträchtlicher

Industrie, mit Schiff- und Raumfahrt, würde allen Ernstes erklären, daß er außerdem Weltmarktführer in der Herstellung von Maispfeifen ist. Wo sonst hat es eine County-Regierung gegeben, die vom Streit zwischen Nord und Süd über die Sklaverei so die Nase voll hatte, daß sie sich weigerte, Partei zu ergreifen, und statt dessen das unabhängige Königreich von Callaway ausrief? Und auf welchem anderen Teil der Route 66 würde man ein handgeschriebenes Schild finden, auf dem steht WAFFEN- UND HUNDETAUSCH – FRAUEN OK (VIELLEICHT)? Nicht gerade feinsinnige Ironie, aber doch ziemlich schelmisch.

Der größte Teil von Missouri hängt schwebend zwischen den beiden großen Städten St. Louis und Kansas City, die im Laufe der Jahre in ständiger Konkurrenz miteinander lagen. Beide haben sich irgendwann unterlegen gefühlt. Durch diese Atmosphäre immer neuer Anstrengungen streckt sich die Route 66 diagonal durch den Staat, folgt dem »Osage Trail«, dem »Kickapoo Trace« und später der »Federal Wire Road« nach Süden und Westen Richtung Kansas und Oklahoma.

Mehr als jeder andere Bundesstaat, durch den die Route 66 führt, ist Missouri eine Region voller starker Kontraste. Etwas vom Geiste *Tom Sawyers* und von *The Shepherd of the Hills* ist hier überall noch präsent, genauso wie die Pein von Bürgerkrieg und Grenzauseinandersetzungen. Doch bleiben auch Gefühle von Leidensfähigkeit und Ausdauer, die Pony-Express-Reiter und ein legendärer Lindbergh hinterlassen haben.

Verlegen um einen einzigen Slogan, der das Land, seine Kultur und seine Menschen für Touristen umreißen könnte, hat das staatliche Fremdenverkehrsamt am Ende aufgegeben. »Kommen Sie nach Missouri«, hieß es schließlich. »Kein anderer Staat ist wie dieser.« Und das ist wahr.

Wenn Sie schattige Hauptstraßen voller Erinnerungen an die alte Route 66 interessieren, wenn Sie ein Sammler von Antiquitäten sind und gerne herumstöbern oder wenn Sie ganz einfach sanft durch die Hügel kreuzen wollen, nehmen Sie sich unbedingt ein bißchen Extra-Zeit in Missouri. Kein Land ist wie dieses.

Von St. Louis nach Waynesville

Alte Route-66-Strecken gibt es durch St. Louis viele, vor allem sind sie kurvig. Wenn Sie also nicht die Zeit haben, mehrmals quer durch die Stadt zurückzufahren, ist es am besten, eine Kombinations-Route mit Streckenteilen aus mehreren Zeit-Perioden zu nehmen.

Wenn Sie die Stadt auf der Interstate 270 im Norden umfahren, folgen Sie einer alten Strecke, die von den 30er bis in die 50er Jahre benutzt wurde. Die alte Route 66 liegt vom Riverview Drive bis zum Lindbergh Boulevard direkt unter der Interstate 270. Am Lindbergh Boulevard (US 67) biegt die Route 66 Richtung Süden ab und führt durch **Kirkwood** auf die (New) Watson Road. Der Verkehr ist auf diesem Abschnitt nicht sehr stark, mit Ausnahme in der Hauptverkehrszeit, und Kirkwood ist eine entzückende Gemeinde mit viel historischer Atmosphäre. Halten Sie Ausschau nach dem Bahn-Depot, einem Klassiker, der immer noch in Gebrauch ist.

Und wenn Sie ein Faible für Züge und Dampflokomotiven haben, im »National Museum of Transport«, nur wenige Minuten entfernt, sind einige fabelhafte Ausstellungsstücke zu sehen. Das Museum liegt etwa eine Meile westlich von der Interstate 270 an der Barrett Station Road zwischen der Dougherty Ferry Road und der Big Bend Road.

Vom späten 19. Jahrhundert bis in die letzten Tage

der Dampfkraft nach dem Zweiten Weltkrieg, von kleinen Modellen bis zur gigantischen »Santa Fe 2-10-4«,
einer Lokomotive, die Route-66-Reisenden in Gegenden, wo die alte Straße direkt neben den Schienen
verlief, oft Gelegenheit zu Wettfahrten durch den Westen gab — hier sind sie alle zu sehen. Es gibt hier
natürlich noch eine ganze Reihe anderer Ausstellungsstücke, doch die großen »Iron Horses« stehlen immer
noch allen anderen Exponaten die Schau.

Nach Ihrem Besuch fahren Sie auf der Barret Richtung Nordwesten und biegen auf die Manchester in
westlicher Richtung ab. Von der alten Watson Road
und den alten Route-66-Geschäften existiert westlich
von Kirkwood nicht mehr viel. Die bei weitem interessantere Strecke aus den 20er und 30er Jahren ist deshalb die Manchester Road, auf der Sie in Richtung
Westen bis nach **Gray Summit** kommen.

Wenn Sie sich entschlossen haben, durch die Stadt
zu fahren — über die Kreuzung McKinley-Brücke führt
die Salisbury Street zu einem alten Business Loop. Für
den absoluten touristischen Abstecher fahren Sie Richtung Süden auf der I-70 und verlassen die Interstate
kurze Zeit später zum »Jefferson National Expansion
Memorial« und dem Gateway-Bogen, der in der Nähe von mehreren exzellenten Museen, historischen
Gebäuden und Sehenswürdigkeiten entlang des Fluß-
ufers steht. Die elegante Eads-Brücke ist etwas weiter
im Norden zu sehen. Und wenn Sie auf ein paar Stunden Schlaf verzichten, werden Sie feststellen, daß die
Brücke im frühen Morgenlicht besonders schön aussieht.

Für eine bequeme Route vom Park aus fahren Sie auf
die alte Strecke über Chouteau Avenue, die ein paar
Blocks weiter im Süden liegt, und biegen Sie dann in
westlicher Richtung ab. Fahren Sie am Checkerboard
Square vorbei, und biegen Sie an der Tucker Street

(ehemals 12th Street), die später zur Gravois Avenue wird, Richtung Süden ab. An der Chippewa Street (State Road 366) biegen Sie nach Westen ab, fahren Sie auf der Chippewa weiter, die zur Watson Road wird.

Wenn Sie Lust auf Eiscreme haben, machen Sie in jedem Fall bei »Ted Drewes' Frozen Custard« halt. Das Eis wird Ihr Herz erwärmen, und die meisten Geschmacksrichtungen machen sich bestimmt auch gut auf Ihrem Hemd. Auch das »Coral Court Motel«, weltberühmt für sein Art-déco-Design – und unter Denkmalschutz –, liegt an diesem Abschnitt der alten Route 66. In der Gegend ist es als verschwiegener Palast für eine Sünde am Nachmittag legendär.

An der Kirkwood Road verschwindet die Watson Road ganz einfach unter der I-44, also biegen Sie an der Kirkwood Road nach Norden ab und an der Manchester Road Richtung Westen; letztere war einmal die Route 66, bevor die neuere Version der Watson Road 1932 fertiggestellt wurde. Oder wenn Sie das vorziehen, können Sie auch auf der I-44 bis zur Ausfahrt Six Flags weiterfahren und dem Business Loop durch **Gray Summit** folgen. Die Interstate-Route ist nicht völlig ohne Reiz. An der Ausfahrt **Eureka,** an der nördlichen Service-Street bei der Überführung finden Sie »Phil's Bar-B-Cue«, eine der wenigen Kneipen dieser Art, die nicht nur gutes Frühstück, sondern auch Pizza, Rippchen und Seewolf serviert. Weiter im Westen in **Pacific** steht das »Red Cedar Inn«, das 1934 errichtet wurde und heute ein echtes Route-66-Wahrzeichen ist. Erst kürzlich wurde es unter der Leitung derselben Familie, die das Inn schon in den 30er Jahren besessen hat, wiedereröffnet.

Wenn Sie auf der Manchester Road durch die liebliche Landschaft Missouris rollen, stellen Sie sich vor, wie das alles wohl im Jahr 1926 gewesen sein muß,

denn dieser Abschnitt sieht auch heute noch aus wie
vor mehr als 60 Jahren. Damals gab es praktisch keine
Landkarten, und in den wenigen Führern, die zur Verfü-
gung standen, wurden Autofahrer ständig dazu er-
mahnt, die Gatter hinter sich zu schließen, denn Teile
der Straße führten damals immer noch über den Privat-
grund einiger Farmer der Gegend.

Fahren Sie durch Gray Summit, und überqueren Sie
die I-44 auf die südwestliche Seite, halten Sie sich
dann in westlicher Richtung, überqueren Sie die Interstate ein zweites Mal, und folgen Sie der County Road
AT, die in südwestlicher Richtung parallel zur I-44 verläuft. **Villa Ridge** war einmal ein lebhafter Ort am alten
Highway. Und »The Diamonds«, nach Angaben von
Besitzer Spencer Groff »die größte Auto-Raststätte der
Welt«, galt als Hauptattraktion. In den 20er Jahren
besaß Spencer hier eine Reihe ziemlich erfolgreicher
kleiner Geschäfte. Eines davon war ein 24-Stun-
den-Bananen-Stand. Zweifellos der erste seiner Art.
Eines führte zum anderen, und Groff baute schließlich
ein Restaurant in der Diamantform eines Baseballplat-
zes. So kam »The Diamonds«, ein Restaurant, in dem
pro Jahr bis zu einer Million Reisende bewirtet wurden, zu seinem Namen. Das Original-Restaurant ist
heute ein Truck Stop. Mit seinem Hauptgeschäft zog
Spencer Groff einige Meilen in Richtung Osten. Es gibt
jedoch genug Original-Atmosphäre hier oben, so daß
sich ein Spaziergang lohnt.

Westlich von Villa Ridge verläuft die alte Route 66 in
westlicher Richtung als North Outer Road zur County
Road AH und überquert die I-44 auf die Südseite. Fahren Sie weiter auf der South Outer Road und der State
Road 47. Auf der State Road 30 überqueren Sie in **St.
Clair** die I-44 wieder zur Nordseite. Fahren Sie weiter
auf der County Road WW, bis diese nach Norden
weiterführt, von hier fahren Sie auf der North Outer

Road nach — sind Sie bereit? — **Stanton**, Missouri. Der Heimat von . . .? Ja, richtig, den weltberühmten »Meramec Caverns« (Meramec Höhlen) und dem angeblichen Versteck von Jesse James und seiner Gang.

Die Meramec Caverns sind eine legendäre Attraktion am alten Highway und wurden für das Touristengeschäft im Jahr 1935 von dem erfolgreichen Unternehmer Lester Dill eröffnet. Unter den Einheimischen heißt es, daß Dill die Höhlen, hätte er sie nicht entdeckt, eigenhändig ausgebuddelt hätte. Das ist wohl eine korrekte Annahme, denn Lester B. Dill erfand wahrscheinlich auch den Autoaufkleber, eine großartige amerikanische Institution. Also nehmen Sie sich Zeit für diese Sehenswürdigkeit. Der Text, den die Führer bei einer Tour durch die Höhlen vorlesen, hat sich seit mehr als 30 Jahren nicht verändert. Und sollten Sie wirklich nicht wissen, wer Kate Smith ist, dann ist dies hier eine gute Gelegenheit, es herauszufinden.

Fahren Sie in Stanton an der Kreuzung County Road JJ und County Road W auf die Südseite, und lassen Sie ihren Wagen weiter in westlicher Richtung auf der South Outer Road rollen. Halten Sie in **Sullivan** Ausschau nach dem großartigen alten »Shamrock Motel«. Fahren Sie weiter auf der Südseite durch **Bourbon**, einen Ort, in dem die Hauptstraße Old Highway 66 heißt. Der Name Bourbon ist völlig unpassend für diesen Ort, der mitten im Weinland von Missouri liegt.

Wenn Sie die »Meramec Caverns« ausgelassen haben oder ein heimlicher Höhlenforscher sind, müssen Sie sich den »Onondaga Cave« (Onondaga-Höhle) ansehen, eine weitere alte Route-66-Attraktion nur wenig südlich von **Leasburg**. In **Cuba** sollten Sie im »Wagon Wheel Motel« übernachten. Wenn das nicht möglich ist, dann schauen Sie sich das alte Motel in jedem Fall einmal an. Es ist in gutem Zustand und ein Stück ursprüngliches Amerika.

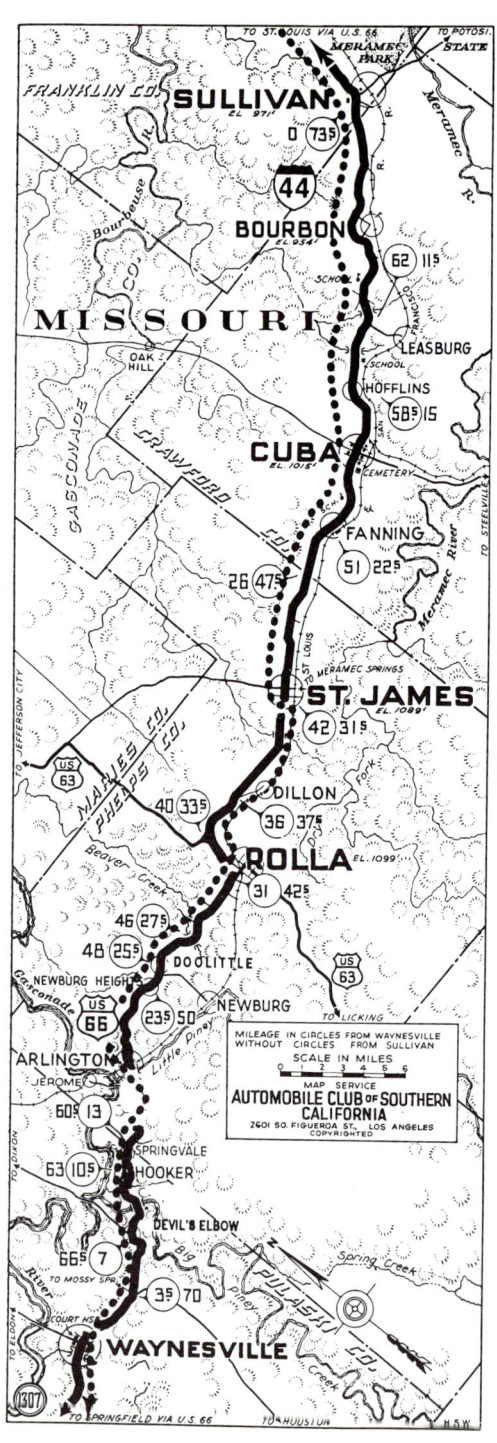

Von Cuba geht es weiter auf der County Road ZZ und KK nach **St. James.** Diese Gegend, ganz besonders der Ort **Rosati,** ist bekannt für exzellente Tafeltrauben. Wenn Ihnen das Appetit macht, halten Sie an einem der kleinen Trauben-Stände an der alten Route 66. Nur wenige von ihnen sind geblieben, und das Verkehrsministerium plant, auch noch die letzten zu schließen. Es scheint, als ob die Reisenden immer noch gerne anhalten, und da es schwierig ist, von der Interstate auf die alte Straße zu kommen, halten viele einfach am Seitenstreifen der I-44 und besuchen die Stände zu Fuß. Ist doch klar, daran können nur die Traubenstände schuld sein, nicht wahr?

Kurz hinter St. James bricht die alte Route ab. Fahren Sie also auf die I-44, oder überqueren Sie die Interstate auf der State Road 8 und 68 auf die Nordseite, und fahren Sie von dort weiter. In **Rolla** ist es das einfachste, dem Business Loop 44 zu folgen — eine späte Version der alten Route 66. Wenn Sie die Stadt verlassen haben, folgen Sie dem Martin Spring Drive, der gleichzeitig die Service-Road auf der Südseite ist, und fahren Sie nach **Doolittle** (in der Nähe von **Centerville** gebaut).

Die Stadt wurde nach Jimmy Doolittle benannt, der einst der sinkenden Moral der Vereinigten Staaten einen Schub gab, als er kurz nach dem Überfall auf Pearl Harbor mit einer kleinen Flotte von 16 B-25-Armee-Bombern vom schwankenden Deck der USS *Hornet* zum Angriff auf Tokio flog. Es war kein mächtiger Schlag, aber es war doch ein Dorn im Auge des Feindes, zu einem Zeitpunkt, als für Amerika nichts so recht klappen wollte. Wenn Sie heute die Hauptstraße von Doolittle hinunterfahren, sprechen Sie ein paar Dankesworte für Jungs wie Jimmy, die immer dann bereit sind, wenn man sie braucht.

Richtung **Arlington** müssen Sie für eine kurze Strecke

auf der I-44 fahren. Um ein Stück ganz besonders alte Straße zu erleben, nehmen Sie die Ausfahrt County Road J in südlicher Richtung. Fahren Sie weiter nach Westen auf der County Road Z. Biegen Sie bei der ersten Gelegenheit vor dem Big Piney River nach links ab. Nun sind Sie genau in der Biegung von Devil's Elbow, einem Teil des alten Highways, der von Route-66-Roadies wegen der steilen Flußufer-Landschaft und einer wunderhübschen alten Stahlbrücke aus dem Jahr 1923 besonders geliebt wird. Es gibt keinen Verkehr mehr auf dieser Schleife, nehmen Sie sich also ein wenig Zeit, und gehen Sie ein wenig spazieren, oder machen Sie ein Picknick. Wenn Sie weiter nach Westen fahren, kommen Sie auf die vierspurige County Road Z zurück, die nach **St. Robert** führt.

An der Kreuzung mit dem Business Loop 44 fahren Sie in nördlicher Richtung nach **Waynesville**, ein Ort, in dem Sie hochinteressante, romanisch angehauchte Architektur sehen können. Das Leben ist simpel in Waynesville.

Von Waynesville nach Joplin

Von Waynesville folgen Sie der State Road 17 in Richtung Süden über die Interstate durch **Laquey**. Dort, wo die State Road 17 nach Süden führt, folgen Sie der County Road AB nach **Hazelgreen**. Fahren Sie auf der südlichen Frontage Road in Richtung **Sleeper,** an der County Road F überqueren Sie die Interstate wieder auf die Nordseite und folgen der nördlichen Frontage Road bis nach **Lebanon.**

Wenn Sie auf die County Road W kommen, sind Sie auf einem ziemlich langen Abschnitt, der in guter Entfernung von der Interstate fast bis nach **Springfield** führt. Es ist eine wirklich hübsche Fahrt durch paradie-

sisches Farmland und durch kleine Gemeinden. In **Phillipsburg** überqueren Sie die I-44 auf die Südseite und folgen der County Road CC und OO durch **Marshfield**, vorbei am »Buena Vista's Exotic Animal Paradise«, ein Zoo, in dem Sie die verschiedensten wilden Tiere und exotischen Vögel sehen können. Von **Strafford** fahren Sie weiter auf der County Road OO (State Road 744), aus der in Springfield die Kearney Street wird.

Springfield — die »Queen City of the Ozarks« — ist einen Bummel wert, ganz besonders, wenn Sie fotografieren und sich für historische Architektur interessieren. Von der Kearney Street biegen Sie an der Glenstone Avenue in Richtung Süden ab und an der St. Louis Street und College Street in Richtung Westen. Nach ein paar Blocks sehen Sie die Heilige Moschee, ein örtliches Wunderwerk und eine alte Route-66-Sehenswürdigkeit. Wenn Sie sich vorstellen können, wie die »Grand Old Opry« in Nashville (oder Ihre alte Volksschule) aussähe, wenn sie von einem herumreisenden arabischen Architekten entworfen worden wäre, dann haben Sie bereits eine Vorstellung davon, wie die Moschee tatsächlich aussieht. Das Gebäude ist fabelhaft, und in besseren Zeiten haben hier bekannte Künstler gastiert.

Weiter im Westen kommen Sie am alten Gefängnis vorbei, das am Central Square steht. Ganz in der Nähe erschoß Wild Bill Hickok Dave Tutt in einer jener provozierten Schießereien, für die der amerikanische Westen so berühmt war. Wie man sich erzählt, hatte Hickok beim Pokern viel Geld an Tutt verloren. Und um Zeit zu gewinnen (im wörtlichen Sinne), hatte Hickok seinem Gegenspieler seine Taschenuhr verpfändet, mit der ausdrücklichen Abmachung, daß Tutt die Uhr nicht in der Öffentlichkeit trägt. Das wäre Hickok zu peinlich gewesen. Tutt trug die Uhr dennoch, Hickok erschoß ihn, ohne lange zu fackeln – an den Stellen, wo die beiden standen, sind heute kleine Gedenkplaketten zu sehen –, und alle kamen, um Hickoks Gerichtsverfahren zu verfolgen. Das Urteil lautete auf Notwehr. Niemand aber schien zu bemerken, daß durch Tutts Tod Hickok nicht nur seine Uhr zurück hatte, sondern plötzlich auch seine Spielschulden getilgt waren.

Wenn Sie auf dem Chestnut Expressway aus der Stadt fahren, können Sie über diese Sache ja einmal nachdenken. Vielleicht verschwenden Sie auch einen Gedanken an die alten Geschichten, in denen es immer heißt, daß die Menschen in den Ozarks, weil sie dauernd untereinander heirateten, ausgesprochen schlechtes Erbgut haben. Teilweise mag das sogar irgendwann einmal richtig gewesen sein. Aber bedenken Sie: Springfield repräsentiert auch einen Gen-Pool, der immerhin Kathleen Turner hervorbrachte. Mit ihrer Schauspielkunst, die heute niemand mehr in Frage stellt, ihrer glimmenden »Versuch's-wenn-du-dich-traust«-Sexualität und ihrer bodenständigen Schönheit täte der Rest des Landes gut daran, sich einmal die Fakten vor Augen zu führen. Was genetische Codes betrifft, ist Springfield jedenfalls unschlagbar.

Der Route-66-Abschnitt von Springfield nach Westen ist ein echter Hochgenuß. Von **Halltown** – einem interessanten Halt für Antiquitäten-Freunde – fahren Sie statt auf der State Road 96 in südlicher Richtung, vorzugsweise auf der ganz alten Route 66 Richtung Westen durch **Paris Springs Junction.** Dort, wo Sie die County Road N kreuzen, fahren Sie auf die Südseite der State Road 96. Biegen Sie an der ersten Kreuzung von der County Road N in westlicher Richtung ab, und fahren Sie über die alte Stahlbrücke. Steuern Sie weiter Richtung Casey's Corner, das einmal Spencer hieß. Am Stoppschild fahren Sie auf die nördliche Seite der State Road 96 und weiter Richtung **Carthage.**

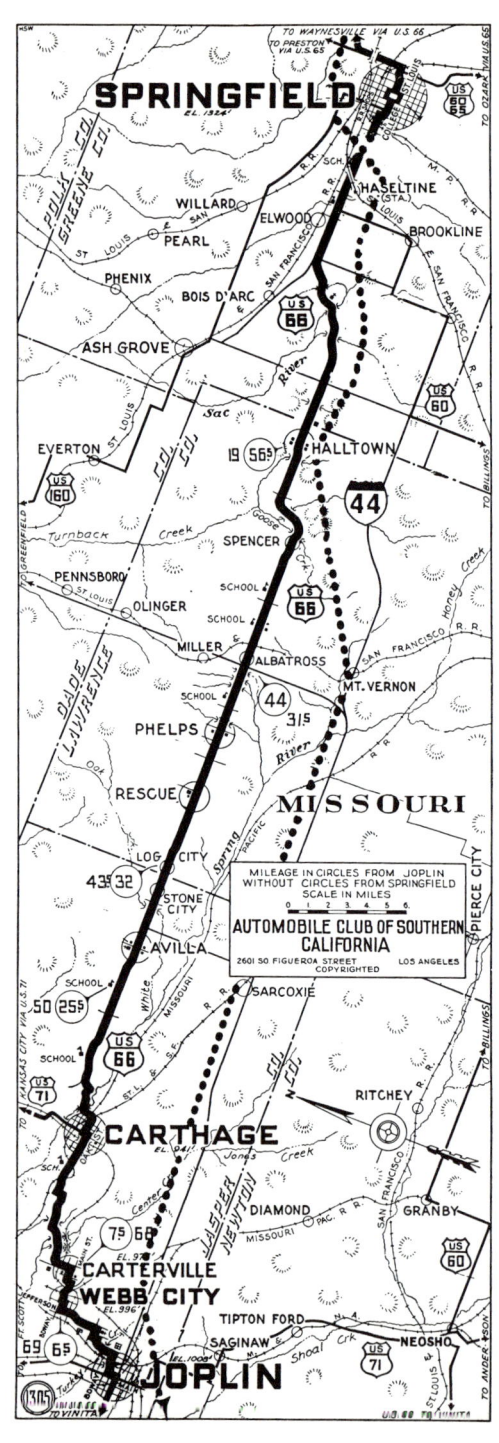

Die Namen der Städte entlang dieses Route-66-Abschnittes haben einen ganz besonderen Klang: **Albatross, Phelps, Rescue** . . . **Log City** und **Stone City** sind nur noch Schatten ihrer selbst. Nur **Avilla** hat überlebt, und einige der Gemeinde-Schulen, die auf der Karte eingezeichnet sind, stehen immer noch hier. Alles andere — winzige Urlaubsorte und kleine Geschäfte, die mit dem Wunder der alten Route 66 aufgeblüht waren — sind völlig zerstört.

Tatsächlich steigt von diesem Abschnitt der alten Route 66 Richtung Westen durch Teile von Oklahoma, Texas, New Mexico und Arizona die Zahl der aufgegebenen Geschäfte und Highway-Sehenswürdigkeiten stark an. In gewisser Weise ist das ein trauriges Faktum. Aber man kann das auch positiv betrachten. Nach Meinung von Leuten wie John Brinkerhoff Jackson gibt es einen großen Bedarf an Relikten dieser Art.

Da wir Geschichte nur mit Hilfe unserer Vorstellungskraft erfahren können, sind die Ruinen, auf die wir stoßen, entscheidende Anhaltspunkte für Zeit-Reisen im Geiste. Wenn wir also die Ruinen am Rande der Straße besichtigen, können wir uns die Zeit, aus der sie stammen, besser vorstellen. Ein interessanter Gedanke, daß jeder von uns nur durch genaues Hinsehen den Ruinen eine zweite Existenz gibt.

Wenn Sie darum wissen, wird das Reisen auf dieser alten Straße selbst zu einer leidenschaftlichen Erfahrung, und Sie werden sie besser verstehen. Und für einen Augenblick erwecken Sie die Abschnitte der alten Route 66 auf ihrer Durchreise zu neuem Leben.

Der nächste Ort heißt Carthage und ist etwas ganz Besonderes. Die kleine Stadt ist eine Art Geschäftszentrum und Sitz der County-Regierung. Obendrein war sie schon immer von Individualisten ersten Grades bevölkert — die berüchtigte Belle Starr wurde hier geboren. Auch gibt es hier eine stark kreative Ader, die

weit zurückreicht. Folgen Sie der State Road 96, und
nehmen Sie sich einen Moment Zeit, um den Markt-
platz und das klassische Jasper County Gerichtsge-
bäude anzuschauen. Die Uhr ist wieder installiert —
sie mußte repariert werden, weil sie zu häufig 13
schlug. Und auch der Rasen vor dem Gerichtsge-
bäude ist sehr hübsch. Erinnern Sie sich an den speziellen Missouri-Humor? Carthage erinnert sich. Vor
ein paar Jahren, als der Rasen neu angelegt wurde,
mischte jemand ein Paket Rübensamen in die Saat. Der
Rasen wuchs nur mittelmäßig, die Rüben entwickelten
sich unter den Augen der peinlich berührten Stadtväter
prächtig.

Die Route 66 führt durch Carthage zur Kreuzung US
71 am westlichen Ende der Stadt. Fahren Sie auf der
US 71 in südlicher Richtung bis zur Ausfahrt Carterville,
folgen Sie dann der Main Street durch die S-Kurve in
Carterville zum Broadway in **Webb City.** Wenn Sie
jetzt einen Jieper auf eine Schokoladen-Soda und ein
Comic-Heft haben, versuchen Sie's im restaurierten
»Bradbury-Bishop Drugstore« an der Ecke Main Street
und Daugherty Street, nur einen Block von der alten
Route entfernt. Richtung **Joplin** folgen Sie der Madison
Street (US 71) nach Süden.

Das ruhige Städtchen Joplin liegt am Rande einer
erzfördernden Region, die sich entlang der alten Route
66 durch Kansas bis nach Oklahoma erstreckt und die
von zahllosen stillgelegten Minen-Schächten durchzogen ist. Außerdem hat Joplin eine rauhe Geschichte
hinter sich, die mit einer Städte-Rivalität begann. Ein
örtlicher Richter und sein Freund, ein Methodisten-Pre-
diger namens Joplin, hatten diesen netten, an Blei rei-
chen Ort gerade errichtet, als auf der anderen Seite
des Turkey Creek eine Stadt namens Murphysburg entstand.

Den Richter wurmte das mächtig, und Murphy, dem

Erbauer der anderen Stadt, ging es genauso. Bald darauf heuerte jemand einen Guerillero namens »Drei-Finger-Pete« an. Kurz darauf nahm jemand anderes einen Schläger namens »Grober Bill« unter Vertrag. Das Resultat war eine explosive Kombination aus Minen, Religion, Recht und zwei überdimensionalen Egos, die für Streit am laufenden Band sorgte. Am Ende war das Durcheinander so groß, daß die Regierung einschritt, aus den beiden Städten eine einzige machte, diese Joplin taufte und allen befahl, sich gefälligst zu benehmen — andernfalls, so drohte man den Streithähnen, sollte der Ort keinen Eisenbahnanschluß bekommen.

Danach beruhigten sich die Dinge schnell, und die Bergarbeiter kehrten an ihre Arbeit entlang der alten Route 66 zurück. Sie arbeiteten so hart und so ausdauernd, daß die Straße immer wieder über stillgelegten Schächten einbrach. Mehrere Umleitungen waren vonnöten, seit die Straße 1939 an vielen Stellen eingestürzt war. Derzeit gibt es eine neue Umleitung in **Galena,** nur ein paar Meilen den Highway hinunter. Also fahren Sie vorsichtig, und wenn Sie zu Fuß gehen, stampfen Sie nicht zu sehr. Sie könnten durchfallen bis auf den Tiananmen Square (Platz des Himmlischen Friedens).

Die einfachere Route durch Joplin führt auf der US 71 zur State Road 66 west. Wenn Sie sich noch ein wenig an der alten Route in Missouri aufhalten möchten, versuchen Sie's mal in »Dixie Lee's Dine and Dance Bar« am westlichen Ende der Stadt. Zusammen mit »Dutch's Top Hat« und »Dana's Bo Peep« war Dixie Lee's in einer Zeit, als Kansas noch ein alkoholfreier Staat war, der letzte Saloon, um noch einmal kräftig zu tanken. Auch wenn diese Kneipen am Rande der Straße bereits ein wenig heruntergekommen sind, Joplins Nachtleben können Sie hier auschecken, vielleicht sollten Sie hier auch schon mal daran denken, ihren »Texas Two-Step« aufzufrischen.

Westlich von Joplin halten Sie Ausschau nach folgendem Schild: OLD ROUTE 66 NEXT RIGHT. Die neuere State Road 66 führt weiter durch Kansas, doch wenn Sie hier abbiegen, kommen Sie auf ein weiteres überlebendes Stück der alten Original-Route. Diese wenigen Meilen, die irgendwie durch ihren alltäglichen Gebrauch Schutz gefunden haben, lassen die Atmosphäre des alten Highways auf wunderbare Weise aufleben.

Kansas

In Kansas gibt es nur ein paar Dutzend Meilen der alten Route 66. Doch diese Zickzack-Strecke von Joplin, Missouri, nach Vinita, Oklahoma, ist wirklich ein ganz famoser Abschnitt des Highways mit viel Geschichte. Wenn Sie sich je gefragt haben, warum die Leute früher meist einen riesigen nautischen Kompaß in ihrem Auto oder in der Fahrerkabine ihres Wohnmobils hatten, dann gibt ein Blick auf die Karte dieses 66-Abschnitts die Antwort. Wenn man auf einer Straße fährt, die kreuz und quer durch eine Gegend führt, anstatt einem direkten Kurs zu folgen, dann läßt sich nur morgens und abends leicht abschätzen, in welche Richtung man eigentlich fährt. Den Rest des Tages verläßt man sich besser auf andere Schätzmethoden.

Das alles paßt gut zu einer alten Tradition des Mittelwestens, nie zuzugeben, daß man irgend etwas nicht weiß. Die meisten Menschen, die zwischen Ohio und Oklahoma aufwuchsen, wissen, daß man Fremde oder Tankwarte am besten nicht nach dem Weg fragt. Anstatt zuzugeben, daß er keine Ahnung hat (wenn er keine Ahnung hat), wird jeder wohlmeinende Mittelwestler Ihnen die Antwort geben, die ihm selbst am plausibelsten erscheint. Stimmen tut sie nur selten.

Es gibt eine Reihe von anderen Dingen, an die Sie sich erinnern sollten, wenn Sie in Ihrem Wagen vom südlichen Missouri nach Kansas und Oklahoma rollen. Als erstes sollten Sie wissen, daß Sie hier mitten im »Bible-Belt« sind; hier wird die Religion extrem ernst genommen. Ihre schneidigen ökumenischen Witze sparen Sie sich besser für später auf. Außerdem sollten Sie es sich zweimal überlegen, bevor Sie in diesem Teil des Landes italienisches Essen bestellen. Die Menschen in Oklahoma nehmen ihre Religion und die Art und Weise, wie sie ihr Fleisch braten, ziemlich ernst. Es gibt mehr Kirchen und Grill-Kneipen zwischen der Grenze von Kansas und Oklahoma City, als manche Menschen in ihrem ganzen Leben zu Gesicht bekommen. Andere Dinge, mit Ausnahme von Football vielleicht noch, sehen die Menschen in Oklahoma ziemlich locker.

Auf der anderen Seite der Grenze ist das ein wenig anders. In Kansas neigt man dazu, *alles* ernst zu nehmen. Keine Gegend für dumme Sprüche. Ganz besonders dann nicht, wenn Sie sich in einem Restaurant beim Sonntags-Brunch befinden.

Einiges davon geht zurück auf eine Art rechtschaffene Zielstrebigkeit, mit der Probleme hier gelöst werden. Menschen, die während des Bürgerkrieges ins Kreuzfeuer der »Quantrill Raiders« und der »Jayhawks« gerieten, kapierten bald, daß sich alles im Leben ganz schnell zum Schlechten wenden kann. Später, als sich die Arbeiterbewegung in den Zink- und Blei-Zechen dieser Region organisierte, trugen Schläger der Bergbau-Unternehmen und militante Gewerkschaftler ihren Konflikt direkt auf der Straße aus. Es gab Zeiten, Mitte der 30er Jahre, da die alte Route 66 rot war vom Blut der zu allem entschlossenen Streikenden. Dieses Land wurde auf eine harte und leidvolle Weise erobert, bebaut und ausgebeutet. Und Eltern haben ihre Kinder dies wohl gelehrt.

Aber hundert Jahre voller Konflikte haben in dieser kleinen Ecke von Kansas etwas hervorgebracht, was dem Reisenden von großem Nutzen ist. Die Menschen hier entlang der Straße sind oft offen, ehrlich und entgegenkommend, wie Menschen das nur sein können.

Mehr noch — sie haben einen Sinn für Geschichte und ein Bewußtsein ihrer Vergangenheit, und das unterscheidet sie von den meisten Amerikanern doch sehr.

Niemand trödelt hier herum. Arbeit kommt immer noch zuallererst. Von all den Staaten, durch die die Route 66 führte, war Kansas einer der ersten, der sicherstellte, daß der Highway auch mit einer ordentlichen Betondecke befestigt war. Und die Städte — Galena, Riverton, Baxter Springs — sind so ruhig und friedlich, wie man das sonst nur selten findet. Gehen Sie an einem der Flüsse spazieren. Gehen Sie eine der Straßen eines Viertels entlang. Lauschen Sie den Heimchen und den quietschenden Fliegengitter-Türen. Kansas hat nur ein paar Meilen alte Route 66, aber dieser Abschnitt ist ein Teil authentisches Amerika, wie wir es alle irgendwo in unserem Herzen tragen.

Von Galena nach Baxter Springs

Fahren Sie auf der älteren Route weiter durch **Galena,** an der Main Street biegen Sie in südlicher Richtung ab. Lange vor der Prohibition, als die Zechen auf vollen Touren liefen, war dies der wilde Kiez von Galena, zweifellos. Die Saloons und Bordelle hatten 24 Stunden geöffnet, und die Bergarbeiter waren regelmäßig blank von Zahltag zu Zahltag.

Am Anfang hatte die Stadt Empire ergiebigere Zechen als Galena. Um nun unwillkommene Bürger von Galena davon abzuhalten, ihre täglichen Abstecher für ertragreichere Grabungen zu machen, bauten die fürsorglichen Empirianer an der Stadtgrenze einen hohen Zaun aus Baumstämmen. In Galena wartete man solange ab, bis der Zaun fertiggebaut war, und brannte ihn dann einfach nieder. Soviel zum Konzept der Pfahlsperre. Später, als die Zechen von Empire allmäh-

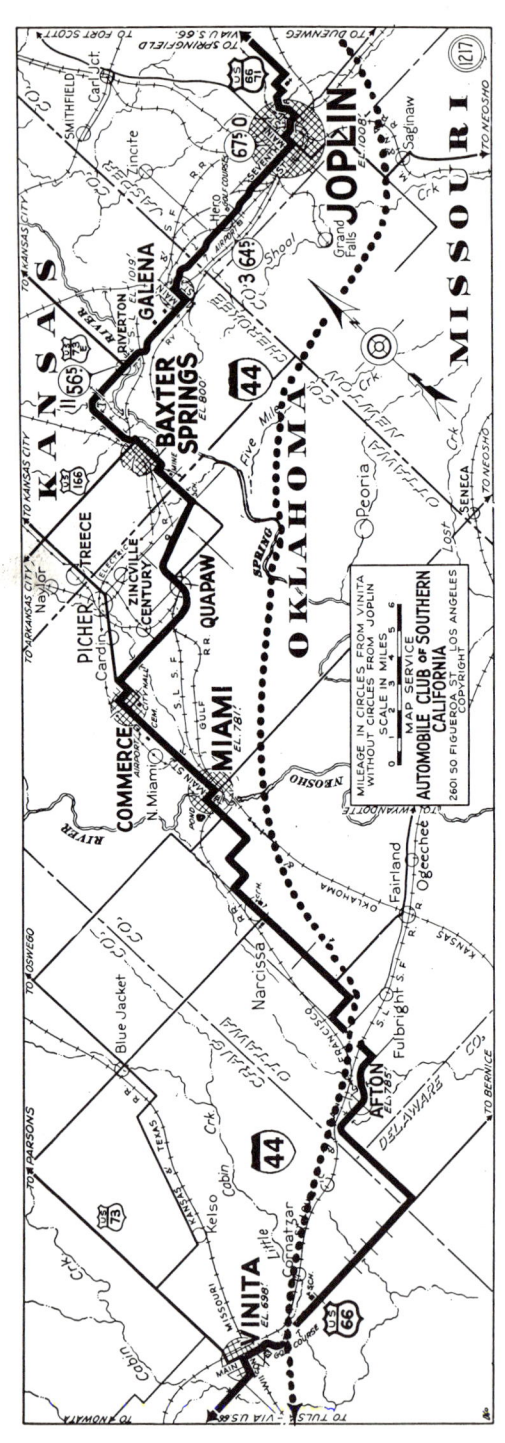

lich immer weniger Erz produzierten, verleibte sich Galena den Ort einfach ein. Verlassen Sie Galena-Empire, und fahren Sie auf der State Road 66 weiter.

Wenn Sie auch nur ein bißchen etwas für Brücken übrig haben, dann wird Sie dieser Teil der Route 66 in Kansas ganz sicher beeindrucken. Es gibt in der Nähe von **Baxter Springs** ein paar regenbogenförmige Beton-Hängebrücken — eine davon ist voller wilder Graffiti. Namen stehen in dieser Gegend nirgendwo in Leuchtschrift. Doch die Brücke scheint das Forum für die örtlichen Schwüre. Um sich dieses Namensverzeichnis und die alte Straße einmal anzuschauen, folgen Sie der Strecke, die entlang alternder Telefonmasten nur wenig südlich von **Riverton** nach Westen verläuft.

Galena und Baxter Springs arbeiten schwer daran, ihre Geschichte und ihre Verbindung zur Route 66 wachzuhalten. In beiden Städten gibt es exzellente Museen. Und um den Übergang vom Mittelwesten in den Westen leichter zu überstehen, sollten Sie eine Rast in »Murphey's Restaurant« in Baxter Springs einlegen. Das Gebäude war einmal eine Bank und, wie eine Legende erzählt, einmal unfreiwilliger Gastgeber für Jesse James, der mit leeren Händen hereinspazierte und mit 3000 Dollar wieder aus der Bank herauskam. Ein nettes Restaurant für einen Kaffee Java und ein paar Minuten Entspannung abseits der Straße. Manche Menschen sagen allerdings, daß der Geist von Tom Howard immer noch an Orten wie diesem herumspukt. Wenn also jemand hinter Ihnen flüstert, daß Sie ihre Hände hochnehmen sollen, drehen Sie sich besser nicht um . . .

Oklahoma

Wenn man in Oklahoma über Gesetzlose redet, dann ist es wichtig, zwischen normalen und gewählten Gesetzlosen zu unterscheiden. Der Bundesstaat hat von beidem mehr als genug. Zuerst kamen all die armen Farmer, die während des großen Landrausches mit ihren Kutschen zu früh über die Startlinie gingen. Zweifellos setzten sie den Standard für alle anderen. Später entschieden ein paar politische Kleinbetrüger, daß Oklahoma City als Regierungssitz ein profitableres Zentrum abgeben würde, stahlen ganz einfach das Großsiegel aus der bereits existierenden Hauptstadt Guthrie und karrten es an seinen heutigen Standort.

Ein Ergebnis davon ist, daß in Oklahoma rechte Gesetzlose so etwas wie ein fünfter Stand wurden.

Wie viele der besseren Vogelfreien starteten auch Jesse James und seine Gang ihre Karriere in Missouri, verbrachten aber später viel Zeit in diesem Teil des Landes. Genauso wie Pretty Boy Floyd, der im Alter von fünf Jahren nach Oklahoma kam und hier ein Robin Hood der 30er Jahre wurde. Er war ein Bankraub-Experte, der sich bei jedem Überfall genügend Zeit nahm, die Hypotheken zu zerreißen, mit denen die Farmen im Umland belastet waren. Und wenn er auf der Flucht war, so erzählt man sich, bezahlte er die armen Farmersfamilien für ein Essen und ihr Stillschweigen mit einer 1000-Dollar-Note.

Im ganzen Staat verstanden die von der großen Wirtschaftsdepression geplagten Menschen seine Motive und freuten sich über seine Heldentaten. Sie verteidigten Pretty Boy Floyd und sorgten für ihn wie für ein Familienmitglied. Als der unselige Floyd schließlich vom FBI niedergestreckt wurde, kamen mehr als zwanzigtausend Trauergäste zu seiner Beerdigung. Es wurde die größte Trauerfeier, die Oklahoma je gesehen hatte. Um Ma Barker und ihre Söhne, um Bonnie Parker, Clyde Barrow, Machine Gun Kelly und den Rest der Gesetzlosen, aus denen Killer geworden waren, war es nicht schade. Über sie wurden keine Volkslieder gesungen. Und das ist auch richtig so.

Für viele Route-66-Reisende war Oklahoma oft nur der Staat, durch den man schnell fuhr, um in die besseren Regionen im Westen zu kommen. Selbst schuld. Denn Oklahoma, schaut man es sich einmal genau an, ist einer der schönsten und gastfreundlichsten Orte, die man finden kann. Für Fahrradfahrer und Wanderer gibt es nichts Schöneres, als durch das weiche Hügelland von der Grenze in Kansas bis nach Oklahoma City zu strampeln oder zu marschieren.

In den westlichen Gegenden des Staates ist die Landschaft sogar noch schöner. Wie eine zerknitterte, von einem Designer entworfene Bettdecke mit kleinen Farmen und freundlichen Dörfern in den Falten, streckt sich die Landschaft in alle Richtungen. Hier mag sie für Auto- und Motorradfahrer attraktiver sein als für Radler, prachtvoll ist sie allemal.

Für Barbecue-Freaks allerdings ist der gesamte Staat ein Paradies. Jeder wird hier in Versuchung geführt, mit Ausnahme vielleicht eines verbissenen Vegetariers. Sie können also getrost das Lied lernen: »Get your ribs on Route 66.«

Bemerkenswert an Oklahoma ist, daß hier wie nirgendwo anders Kunst und Architektur Hand in Hand gehen mit der Geschichte der Menschen, der urigen Gastfreundschaft und der Schönheit dieses grünen und roten Landes. Oklahoma, der wahre Geburtsort der Route 66, ist es wert, entdeckt zu werden. Nehmen Sie sich ein wenig Zeit. Und geben Sie den Menschen von Oklahoma die Gelegenheit, Sie kennenzulernen.

Von Quapaw nach Oklahoma City

Fast die gesamte Route 66 ist im östlichen Teil Oklahomas erhalten und wird täglich befahren. Weil für die Interstate Turnpikes Maut bezahlt werden muß, verläuft der örtliche und regionale Reiseverkehr auf der Freien Straße — der alten Route 66. Und sie ist hier immer noch ein exzellenter Highway. Sie werden kaum Probleme haben, diesem durchgängigen, 260 Meilen langen Abschnitt der alten Straße zu folgen, der sich von der Grenze in Kansas nach Oklahoma City schlängelt.

Fahren Sie von Baxter Springs auf der US 69 in südlicher Richtung nach **Quapaw**. Wenn Sie hier in der Abenddämmerung vorbeikommen, können Sie vielleicht sogar ein paar Geister jagen. Denn eineinhalb Meilen östlich von Quapaw kann man in der Nähe des Spring River an einem steilen Felsufer mit dem Namen Devil's Promenade (Des Teufels Promenade) ein Geisterlicht beobachten. Die Erscheinung zieht in der Geister-Hochsaison in jeder Nacht bis zu 1000 Autos mit Schaulustigen an. Das Geisterlicht (das ist kein Witz) erscheint als tanzender, hüpfender und rollender Lichtball und wird in diesen Teilen des Landes bereits seit vielen Jahren gesichtet. Es wurde auch schon beobachtet, wie das Geisterlicht in parkende Autos kroch.

Es gibt eine Reihe von Theorien, doch bislang bietet keine eine adäquate Erklärung. Wissenschaftler und Techniker der Armee haben das Phänomen untersucht — ohne Ergebnis. In einer der besseren Erklärungen heißt es, daß das Geisterlicht in Wirklichkeit nur eine wandernde atmosphärische Brechung der Autoscheinwerfer auf dem Highway ganz in der Nähe ist. Doch das erklärt natürlich nicht, warum die Quapaw-Indianer das Geisterlicht bereits Mitte des 19. Jahrhunderts beobachteten. Damals waren in dieser Gegend nicht gerade viele Autos unterwegs. Unbeeindruckt von jeder theoretischen Erklärung rollt das Geisterlicht hier draußen herum. Zum Vergnügen von fast jedermann.

Folgen Sie der US 69 nach Süden, von Quapaw aus Richtung Westen und dann nach **Commerce,** die Heimat des berühmten amerikanischen Baseballspielers Mickey Mantle. Fahren Sie in südlicher Richtung in die Stadt, dann auf der Commerce Street Richtung Westen und wieder nach Süden auf die Main Street. Von dort geht es direkt nach **Miami** (Mei-aem-ah ausgesprochen).

Wenn Sie auf der Main Street durch Miami fahren, sollten Sie sich etwas Zeit nehmen, um das Coleman Theater anzuschauen. Fast die gesamte Inneneinrichtung wurde restauriert, und die Stadt Miami sammelt derzeit, um eine alte Wurlitzer-Orgel zurückzukaufen, die einst die Attraktion des Theaters war.

Von Miami folgen Sie der US 69 durch **Narcissa,** fädeln sich auf der US 60 ein, kreuzen den Turnpike und fahren weiter nach **Afton.** Weil die meisten Touristen-Geschäfte zumachten, als der Durchgangsverkehr sich auf die Interstate verlagerte, sind nur ein paar wenige der Sehenswürdigkeiten auch heute noch geöffnet. Eine davon ist die »Buffalo Ranch« — ein Streichelzoo mit Barbecue, und natürlich gibt es hier auch Büffel. Was will man mehr? Ein Lama vielleicht oder einen Yak? Auch die gibt es, der Zoo ist einen Besuch wert.

Für Sammler jeder Art ist der »Saddle Shop« in Afton ein interessanter Laden. Er liegt gegenüber dem alten

»Palmer Hotel« ein paar Schritte Richtung Osten. Hier gibt es eine ganze Wand voller Streichholzheftchen, manche davon sind an die 50 Jahre alt. Keines davon ist verkäuflich, aber das sollte Sie nicht davon abhalten, für die gesamte Wand ihr Gebot zu machen.

Von Afton fahren Sie auf der US 60 zunächst in südlicher, dann in westlicher Richtung weiter. Der nächste Ort heißt **Vinita.** Er ist nach der Bildhauerin Vinnie Ream benannt, die die Abraham-Lincoln-Statue gestaltet hat, die heute vor dem Capitol in Washington steht. Folgen Sie der US 60 durch Vinita bis zur Kreuzung mit der State Road 66 kurz vor **White Oak.** Dann fahren Sie auf der Freien Straße in südwestlicher Richtung nach **Chelsea,** dem allerersten Erdöl-Dorf und einem der wenigen Orte, in dem ein perfekt erhaltenes Sears-Haus aus dem Versandkatalog steht. Das Haus ist allerdings ein privater Wohnsitz, nehmen Sie also Rücksicht und stören Sie niemanden, wenn Sie anhalten, um sich das »Mail-Order«-Haus anzuschauen.

Der Ort **Bushyhead** weiter im Süden ist mittlerweile verschwunden. Doch in **Foyil,** nicht weit von hier, ist eine nette Schleife der alten, alten Route 66 erhalten, deren blaßrosa Betonbelag sich durch den Ort schlängelt. Interessanter noch ist »Galloway's Totem Pole Park«, ein paar Meilen südlich auf der State Road 28 A, wo Sie das Ergebnis eines künstlerischen Genie-Blitzes betrachten können, von dem so mancher Kleinunternehmer entlang der Straße plötzlich getroffen wurde. Nehmen Sie genügend Filmmaterial mit. Es ist eine Herausforderung, diesen Ort abzulichten.

In **Claremore** ist das Will Rogers Memorial einen Besuch und ein wenig zusätzliche Zeit wert. Claremore ist auch der Heimatort von Lynn Riggs, Autor von *Green Grow the Lilacs,* auf dem das mit einem Pulitzer-Preis ausgezeichnete Musical *Oklahoma!* basiert.

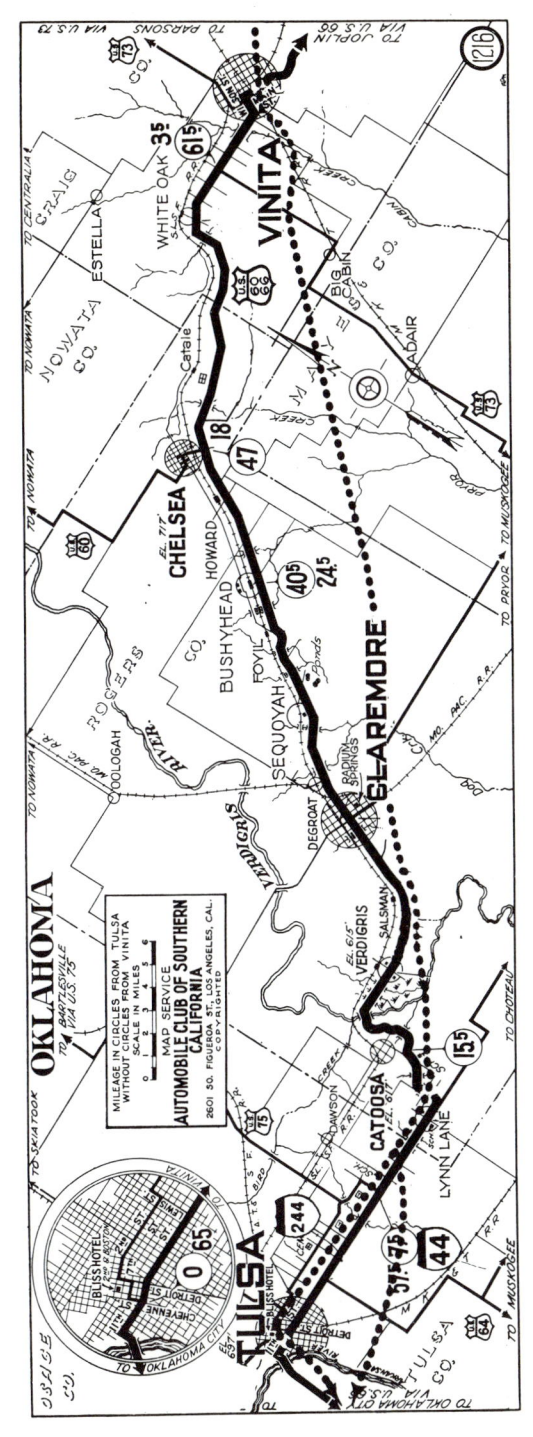

Fahren Sie in die Stadt hinein, biegen Sie an der ersten Ampel nach Westen ab, und fahren Sie parallel zur State Road 66 auf dem J. M. Davis Boulevard. Dies ist die alte Route und die Motel-Straße in Claremore. Das »Claremore Motor Inn« ist, wenn auch kein wirkliches Wahrzeichen, eine bequeme Absteige und ein guter Ort, um alte Geschichten von der Straße zu sammeln, die der alte Highway-Polizist an der Rezeption erzählt. Folgen Sie Ihrer Nase zu einer Kneipe, die »The Pits« heißt. Sie liegt links vom Motel und ist eines der besseren Grill-Restaurants der Gegend. Und wenn es Ihre Zeit erlaubt, schauen Sie sich das »Davis Gun Museum« an. Selbst Menschen, die Schußwaffen nicht mögen, sind oft beeindruckt, es ist eine enorme Sammlung.

Richtung Südwesten fahren Sie wieder zurück auf die Freie Straße. Etwa zehn Meilen hinter der Stadtgrenze kreuzen Sie den Spunky Creek (dt.: mutigen Bach). Es gab hier sogar einmal ein Fort Spunky (Fort Mutig), und auch wenn der Name eher klingt wie aus einer Folge der Kinder-Serie *Lassie,* war dies doch einst wildes Land. Es brauchte wirklich Mut, um hier längere Zeit durchzuhalten.

Ein paar Meilen weiter, nachdem sich der Highway Richtung Westen krümmte, halten Sie Ausschau nach zwei nicht identischen Zwillingsbrücken, die sich über den Verdigris-Fluß spannen. Fast jeder fühlt sich bemüßigt, ein Foto von diesem seltsamen Paar zu machen — manche Einheimische nennen die beiden Brücken sogar »Oscar und Felix« — nach der US-Fernseh-Serie *The Odd Couple,* die in Deutschland unter dem Titel *Männerwirtschaft* ausgestrahlt wurde. Die meisten Reisenden jedenfalls wundern sich über die ungleichen Brücken. Niemand würde sie wohl beachten, wenn sie zueinander passen würden.

Wenn Sie den Verdigris überquert haben, achten Sie

auf den »Blue Whale Amusement Park« auf der rechten Seite. Er ist heute kaum mehr als eine Gelegenheit für ein Foto, aber wer weiß? **Catoosa** hat Mumm und einen Namen, der aus der Sprache der Cherokee kommt und »Menschen des Lichts« bedeutet. Ob die Cherokee dasselbe Licht sahen wie die Quapaws, ist schwer zu sagen.

Wenn Sie sich **Tulsa** nähern, ist die Freie Straße manchmal ein wenig vollgedrängt, halten Sie also Ihre Augen auf und achten Sie auf die Kreuzung mit der State Road 167.

In Tulsa gibt es entlang der alten Route 66 eine ganze Reihe interessanter Dinge zu sehen und zu essen, also nehmen Sie, wenn möglich, die Route durch die Stadt. Anderenfalls fahren Sie auf der I-44 bis Sapulpa. Wenn Sie aber durch Tulsa touren, nehmen Sie die 193. Avenue (State Road 167) nach Süden, und biegen Sie auf der 11. Straße wieder nach Westen ab. Admiral Place ist eine alternative 66-Strecke, aber im großen und ganzen weniger interessant. Halten Sie Ausschau nach dem »Metro Diner«, kurz hinter dem Stadion an der Tulsa Universität. Ein bißchen weiter, westlich des großen »Bama Pies«-Gebäudes auf der Nordseite, gibt es auch ein »Route 66 Diner«. Beide sind zwar relativ neue Restaurants, für viele Route-66-Reisende sind sie jedoch bereits zu Wahrzeichen geworden. Fahren Sie weiter auf der 11. Straße und schauen Sie sich den alten Warehouse Market an, ein prächtiges Stück Art déco, das möglicherweise bald saniert und restauriert werden soll.

Kurz hinter der Preoria Avenue biegt sich die 11. Straße Richtung Südwesten und wird zur 10. Straße. Folgen Sie der S-Kurve in die 12. Straße. Dann, am nächsten Stoppschild, müssen Sie nach Süden abbiegen und dem Southwest Boulevard über die Brücke folgen. Wenn Sie wollen, können Sie auf dem Southwest Bou-

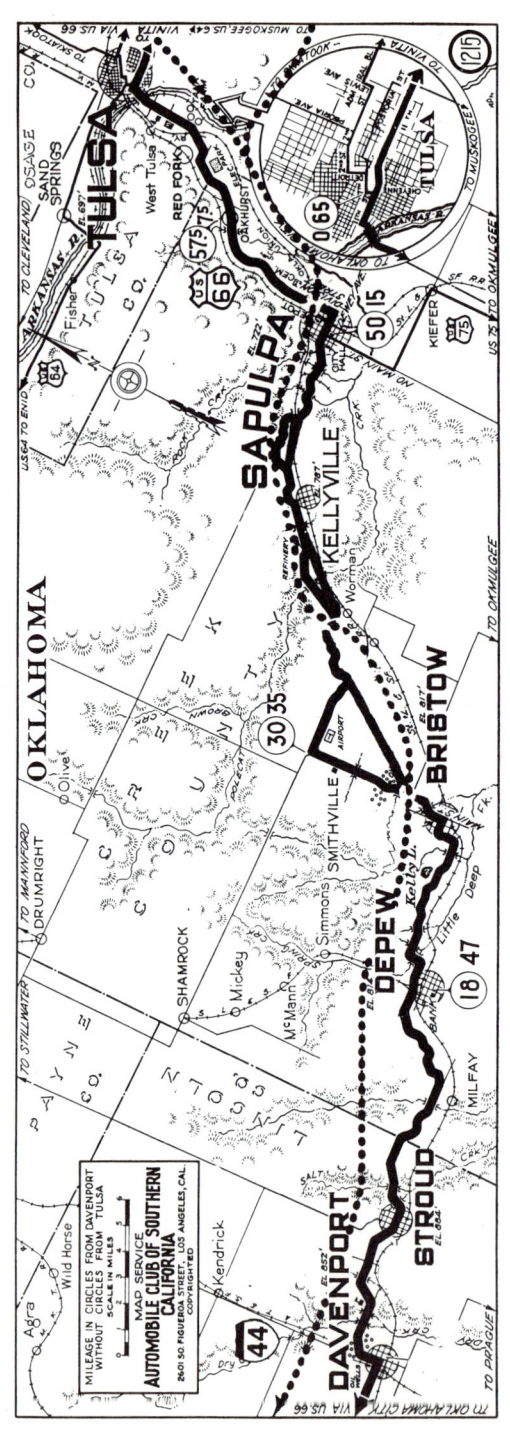

levard auch bis nach **Sapulpa** fahren. Schneller und leichter geht das jedoch, wenn Sie auf die Freie Straße zurückfahren, kurz bevor der Southwest Boulevard zur Sapulpa Road wird und sich Richtung Westen krümmt. Die Überführung zur 60. Straße führt geradewegs auf die Ostseite der I-44. Folgen Sie den Schildern für die Freie Straße (State Road 66 und 33) Richtung Sapulpa, wo auch die ältere Strecke wieder auftaucht. Der Turnpike bringt hier kaum Vorteile, denn die State Road 66 ist in sehr gutem Zustand.

Wie Tulsa hat auch Sapulpa gelernt, wie man Kunst nutzen kann, um das Stadtbild kosmetisch zu verschönern. So werden leere Ladenfenster zum Beispiel als Ausstellungs-Vitrinen für Fotodrucke genutzt. Zugenagelte Fenster an der Seite eines zweigeschossigen Hauses werden zu einem handgemalten Triptychon. Wenn der Hunger Sie plagen sollte, in »Norma's Cafe«, das immer noch von der echten Norma bewirtschaftet wird, werden hungrige Highway-Mäuler seit Jahrzehnten gestopft.

Wenn Sie Sapulpa verlassen, achten Sie auf eine alte Stahlgitterbrücke ein wenig rechts, etwa eine Meile westlich der Stadt. Sie liegt nur wenig hinter einer Kreuzung, wo sich kurioserweise der Highway 66 und der Alte Highway 66 schneiden – vermutlich der einzige Ort im ganzen Land, an dem beide Strecken offiziell markiert sind. Die Brücke hat einen roten, guterhaltenen Ziegelbelag und ist ausgesprochen fotogen. Wenn Sie wollen, können Sie auf der älteren Strecke hinter der Brücke weiterfahren. Ein paar Meilen weiter, an der Kreuzung mit der State Road 33, kommen Sie wieder auf die State Road 66.

Von Sapulpa bis **Kellyville, Bristow** und **Depew** liegen auf der Nordwestseite der Freien Straße eine große Anzahl alter, alter Teile der Route 66 – manche von ihnen lassen sich über kurze Strecken noch befahren.

Etwa zwei Meilen hinter Kellyville gibt es eine Reihe von hübschen Schleifen der alten Strecke. Die erste liegt kurz hinter der Interstate-Überführung — eine wunderbar langsame Strecke für das Cabriolet. Ein paar Meilen später liegt ein weiterer, fast rechtwinkliger Abschnitt. Es heißt, es habe am westlichen Ende dieser Schleife einmal einen Flugzeuglandeplatz gegeben. Niemand hat ihn jedoch bislang entdeckt. Vielleicht sind Sie ja der erste. Erforschen Sie die Gegend ein wenig, und finden Sie Ihren eigenen, von Bäumen beschatteten Lieblingsabschnitt der alten Straße. Und wie gesagt, halten Sie Ausschau nach alten Telegrafenmasten und Schneisen, die durch die Wälder geschlagen wurden.

Wenn Sie nach **Stroud** kommen, vergessen Sie nicht nachzusehen, ob das »Rock Cafe« in der Zwischenzeit wieder aufgemacht hat. Jahrelang war das 24-Stunden-Café ein Pflicht-Stopp in diesem Teil des Landes. »66 Antiques«, ein Trödlerladen am Ende der Straße, ist in jedem Fall einen Besuch wert. Wenn der Name Stroud für ein so verschlafenes Nest ein wenig rauh klingt, dann, weil Stroud einmal wirklich ein rauher Ort war. Viehtreiber kamen mit ihren Herden durch den Ort, im Indianer-Territorium herrschte Alkoholverbot, und so verdienten eine ganze Menge Bars Unmengen Geld damit, fragwürdigen Fusel an jedermann zu verkaufen. Heute ist Stroud ein Dorf, in dem Sie die Tür des Waschsalons selbst abschließen müssen, wenn Sie mit Ihrer Wäsche ein wenig spät dran sind. Ein nettes Örtchen.

Wenn Sie nach **Davenport** kommen, fahren Sie an der Kurve weiter geradeaus ins Zentrum der Stadt. Die Einheimischen sind hier stolz auf ihre hügeligen Straßen. Von Davenport führt die alte Route geradewegs nach **Chandler.**

Wenn Sie auf der 1st Street nach Chandler kommen,

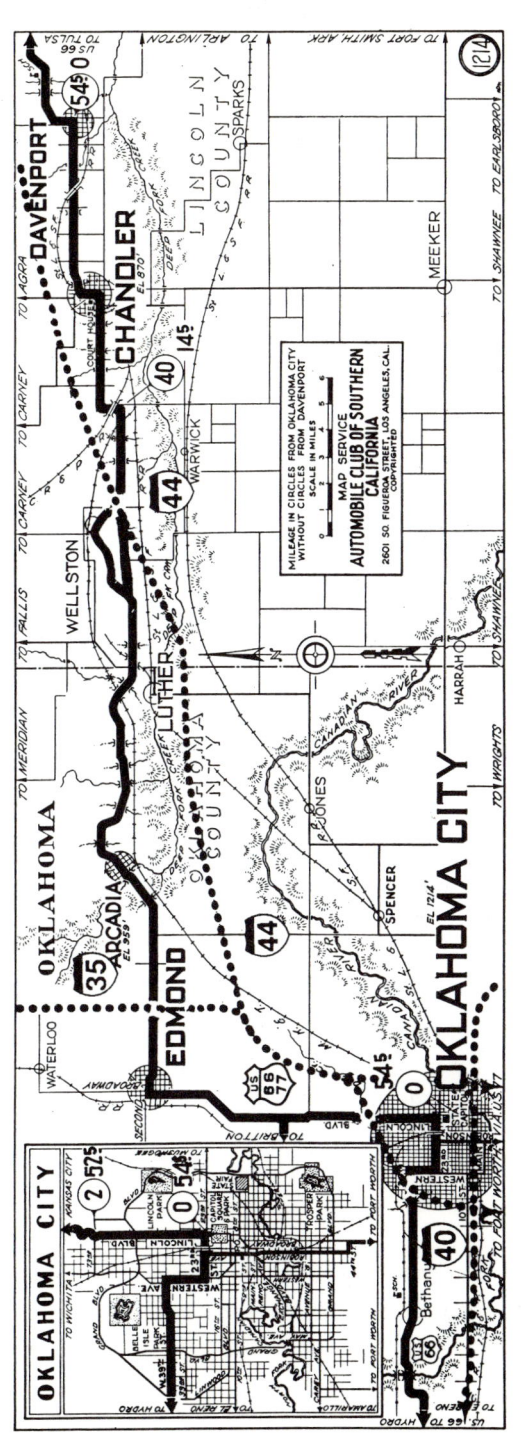

sehen Sie rechts das »Lincoln Motel«, das seit seiner Eröffnung im Jahr 1939 perfekt in Schuß gehalten wird. Wenn ein Zimmer frei ist, sollten Sie unbedingt hierbleiben, das Motel hat viel Geschichte. Pflege und Restaurierung werden in Chandler groß geschrieben. Derzeit diskutiert man sogar darüber, wie man das alte Zeughaus wieder nutzen könnte. Südlich der Manvel können Sie eine alte, bestens erhaltene Tankstelle sehen sowie einen Teil der bereits beendeten Restaurierungsarbeiten in der Innenstadt. Auf halbem Weg durch die Stadt finden Sie eine feine alte Bäckerei, ideal für ihre Kaffeepause. Wenn Sie richtig Hunger haben, versuchen Sie's in »Granny's Restaurant«. Beide — Bäckerei und Restaurant — sind ausgezeichnet. Wenn Sie die Stadt verlassen, krümmt sich die Straße wieder nach Westen — vorbei an einem LKW-Wrack, das aussieht, als habe es schreckliche Kopfschmerzen — und hält Kurs auf Luther.

Wenn Sie so etwas wie einen Mustang GT oder eine Corvette fahren, dann sollten Sie hier eine Reihe von perfekt überhöhten Kurven genießen. Nach dieser Erfahrung werden Sie den guten alten Straßen nachtrauern. Es ist unübersehbar, daß dieser Highway von Männern gebaut wurde, die selbst gefahren sind, und nicht von Pfennigfuchsern. Der Unterschied im Ergebnis ist nicht schwer festzustellen, nicht wahr?

In **Arcadia** sollten Sie eine gemächliche Runde durch dieses kleine Dorf fahren. Es vermittelt das Gefühl, als seien die 20er Jahre immer noch nicht vorbei. »Bob's BBQ«, ein Grillrestaurant in einem alten Motel, ist für Barbecue-Fans eine Pflichtstation. Die »Runde Scheune«, die hier auf einem Felsen bereits vor der Jahrhundertwende stand, war lange in einem bedauernswerten Zustand, ist aber heute, dank der Spenden aus der Bevölkerung, völlig restauriert.

Von Arcadia fahren Sie weiter Richtung Westen.

Aber seien Sie vorsichtig, dieser Abschnitt der Straße wurde in der Vergangenheit nicht besonders gut gepflegt. Kreuzen Sie die I-35, und steuern Sie Richtung **Edmond,** das heute ein nördlicher Vorort von Oklahoma City ist. Nur wenig vom Gefühl der alten Route ist hier geblieben. Doch Edmond ist eine Universitätsstadt mit einem lebhaften Campus und ein angenehmer Ort für Einkäufe und andere Geschäfte, die Sie erledigen können, bevor Sie nach **Oklahoma City** kommen. Wenn Sie Oklahoma City jedoch umfahren wollen, dann folgen Sie am besten der I-35 bis zur I-44 und fahren dann weiter Richtung Westen bis zur Ausfahrt Bethany.

Von Oklahoma City nach Texola

Von der Second Street in Edmond biegen Sie nach Süden auf den Broadway (US 71) ab und fahren Richtung City. Von der Ausfahrt Kelley Avenue folgen Sie der Straße weiter Richtung Osten. Biegen Sie nach Süden ab, um auf der Kelley Avenue nach Oklahoma City zu fahren. An der 63rd Street wollen Sie vielleicht Ihren niedrigeren Instinkten nachgehen und nach Osten zur »Cowboy Hall of Fame« oder zum »County Line Restaurant« abbiegen, das eine halbe Meile weiter westlich liegt. Beide finden Sie westlich der I-35 und im Norden der I-40.

Die Ruhmeshalle der Cowboys ist vielleicht sogar ein Fall von Western-Overkill. Das County Line jedoch ist ein Schlemmer-Paradies für Barbecue-Fans. Einst als »Kentucky Club« bekannt, war die Kneipe eine verschwiegene Spielhölle und Absteige für Pretty Boy Floyd und seine Kumpane. Das »County Line« hat in jedem der kleinen Zimmer, die den Speiseraum und die Bar umgeben, eine Falltür im Boden. Ernest Heming-

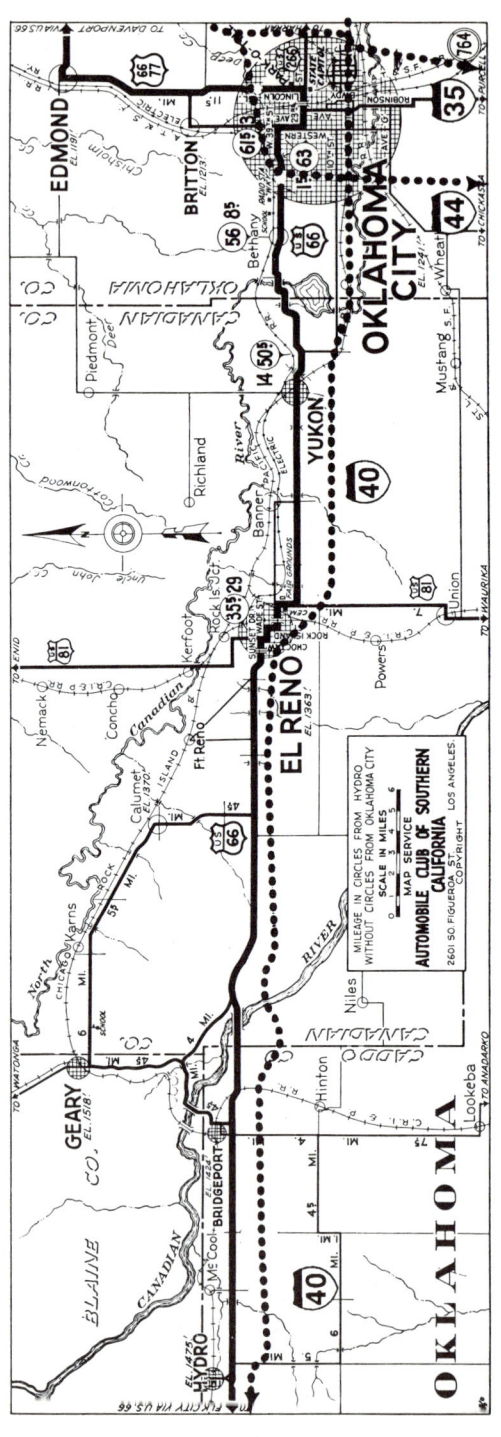

way hätte diese Kneipe geliebt. Und die Rinderripp-chen? Aficionados haben sie *Dinosaurier*-Rippchen getauft. Und die »Doggy Bags«, diese braunen Pack-papiertüten, in denen man hier die Essensreste für »den Hund« mit nach Hause nehmen kann, sind so groß wie Waschkörbe. Aber kommen Sie früh genug. Ein Geheimtip ist das »County Line« heute nämlich nicht mehr.

Steuern Sie in westlicher Richtung auf der 50th Street in die Stadt bis zum Lincoln Boulevard (US 77), der nach Süden führt. Fahren Sie am Capitol vorbei, das rechts von Ihnen liegt, und nehmen Sie die 23rd Street. Folgen Sie der 23rd Street bis zur Classen. Dann bie-gen Sie nach Norden ab, fahren an einer gigantischen Milchflasche vorbei und lassen ihren Wagen bis zur I-44 in westlicher Richtung rollen. So kommen Sie am leichtesten aus der Stadt heraus.

Die Route 66 verändert sich ständig. Alte Geschäfte — und das ist traurig — schließen. Deshalb sind neue Unternehmen, die etwas mit der Straße zu tun haben, immer ein Grund zum Feiern. Eines der lebhaftesten dieser neuen Geschäfte werden Sie gleich kennenler-nen. Am oberen Ende der Classen biegen Sie auf den Northwest Highway (State Road 3A) ab und fahren et-wa eine halbe Meile. Hier, im dritten Stockwerk des Penn Place Nummer 50, gegenüber der Penn Square Mall finden Sie »Route 66« (den Laden) und einen riesi-gen Schatz an Sammlerstücken, handgemachtem Schmuck, alten Fotos und US-66-Andenken. Hier gibt es alles, von einem Neon-Sessel bis zu einer Couch, die aus dem hinteren Ende eines klassischen 50er-Jahre-Autos konstruiert wurde. »Wild zusammenge-würfelt — verwegen elegant«, beschreiben die beiden jungen Frauen und ihr Künstler-Partner die Sammlung. Und das ist sie tatsächlich. Und elegant sind die bei-den Ladies vor allem selbst. Witzig und herzlich, haben Sie ein gutes Wort für jeden Reisenden, der auf seinem Trip hier vorbeischaut. Wenn Sie nach etwas ganz Besonderem suchen, das Sie von Ihrer Reise auf dem alten Highway mit nach Hause bringen wollen, dann ist »Route 66« der richtige Ort, danach zu suchen. Und wenn Sie einen Moment brauchen, um sich zu entscheiden, dann schauen Sie doch in der Zwischenzeit im »Full Circle«-Buchladen gegenüber vorbei. Ein ideales Buchgeschäft zum Stöbern und eine ideale Ergänzung zum »Route 66«-Shop. Wenn Sie so weit sind, fahren Sie Richtung Westen auf die I-44.

Wenn Sie auf die alte Route zurück wollen und außerdem Lust auf ein Picknick und eine Fahrt entlang eines Seeufers haben, sollten Sie die Interstate an der Ausfahrt 39th Street (State Road 66) verlassen. Kaufen Sie in **Bethany** ein wenig Proviant ein, und fahren Sie weiter auf der 39th Street nach Westen. Nachdem Sie die Council Road überquert haben, rollen Sie Richtung Süden über die alte North Canadian River Brücke. Es gibt eine ganze Reihe von netten Plätzen am nördlichen Ufer des Overholser-Sees.

1941 war dieser See das erste und einzige Gewässer in Oklahoma, das offiziell für die Landung von Wasserflugzeugen vorgesehen war. Die anmutigen Clipper von Pan American Airways waren der letzte Schrei, und transkontinentale Reisen mit Wasserflugzeugen galten als neueste Entwicklung im Luftreiseverkehr. Als der Zweite Weltkrieg zu Ende war, hatten militärische und zivile Ingenieure im ganzen Land Tausende von Meilen Beton-Landebahnen gebaut. Die Ära des Wasserflugzeugs war vorbei, selbst für kleinere Flieger, und die Hoffnungen des Overholser-Sees verblaßten allmählich.

An der Gabelung am anderen Ende des Sees halten Sie sich rechts und fahren Richtung Westen zur Mustang Road. Von dort rollen Sie Richtung Norden und nehmen dann die vierspurige Straße in westlicher Richtung nach **Yukon**.

Wenn Sie zufällig am Ende eines Tages nach Yukon kommen sollten, warten Sie bis zur Abenddämmerung, denn dann werden die riesigen, restaurierten Suchscheinwerfer der großen Yukon Mehl-Fabrik angeschaltet. Beobachten Sie das Licht eine Weile. Es hat mehr als nur Charme, es kann einen sogar hypnotisieren.

Wenn Sie in diesem Teil des Landes auf der Interstate weiterfahren wollen, dann können Sie wenigstens ein bißchen alte Route-66-Geschichte schnuppern, wenn Sie die I-40 an der Ausfahrt Country Club Road nach El Reno verlassen und bei »Hensley's« vorbeischauen, eine Route-66-Tankstelle und -Raststätte, die bis ins Jahr 1939 zurückdatiert. An den heutigen Standort zog die Familie um, nachdem sie ihr Geschäft im alten Highway über dreißig Jahre lang unter dem Namen »Consumer's Cafe« geführt hatte. Das Essen ist noch heute prima, und wer übernachtet, hat das Frühstück am nächsten Morgen frei. Eine alte Hensley-Tradition.

Wenn Sie auf dem alten Highway nach **El Reno** kommen, halten Sie Ausschau nach dem »Big 8 Motel«, das mit dem Spruch AMARILLO'S FINEST wirbt. Nein, die Besitzer sind nicht verwirrt. Das Schild ist ein Vermächtnis des Films *Rain Man,* von dem Teile hier gedreht wurden. Sie können sogar in dem Zimmer übernachten, das man im Film sehen kann – es sieht noch genauso aus. Fragen Sie nach Zimmer 117. Wenn Sie Glück haben, sitzt an der Rezeption der gleiche Mann, der im Film den Empfangsmenschen gespielt hat. Alles, was Sie jetzt brauchen, ist ein Buick Baujahr 1949 mit Bullaugen. Oder Dustins Telefonnummer.

Fahren Sie geradeaus Richtung Westen weiter, oder biegen Sie, um auf eine ältere Route-66-Strecke zu kommen, bei der Ampel an der Sheppard nach Norden ab und kurven dann in westlicher Richtung entlang dem alten Friedhof auf der Elm. An der Ampel am Wasserturm biegen Sie nach Norden auf die Rock Island (US 81 N) ab. Nach wenigen Blocks sehen Sie auf der rechten Seite die bemerkenswerte BPOE Lodge. BPOE ist der »Benevolent and Protective Order of Elks«, ein dem Lions Club vergleichbarer Verein. Das Gebäude war einmal auf der Weltausstellung von St. Louis im Jahr 1904 Teil der Oklahoma Territorial-Schau (erinnern Sie sich, Oklahoma war noch kein Bundesstaat). Auf der Messe in St. Louis wurden der Welt zum ersten Mal auch Eiscreme und Hot Dogs vorgestellt. Neben Chili ist das so amerikanisch, wie es nur eben möglich ist. Als die Ausstellung schloß, wurde das Gebäude zerlegt und nach El Reno gebracht. »Elche sind die besten Menschen der Welt«, steht auf einem Schild. Und wenn das nicht stimmen sollte, zu den emsigsten gehören sie sicherlich.

An der Wade biegen Sie nach Westen ab, an der Choctaw fahren Sie nach Norden, und wenn Sie zur Sunset kommen, biegen Sie wieder in westlicher Richtung ab. Kurz nach dem Schild **Fort Reno** und kurz vor der West-Einfahrt zur I-40 halten Sie sich rechts. Biegen Sie gleich noch einmal rechts ab. So kommen Sie nach Fort Reno. Doch wenn hier nicht gerade eine besondere Veranstaltung geplant ist, gibt es wenig Grund zum Verweilen.

Richtung Westen haben Sie, was Sie auch der Karte entnehmen können, zwei Möglichkeiten. Sie können auf der Strecke aus dem Jahr 1932 weiterfahren oder nach Norden Richtung **Calumet** und **Geary** abbiegen. Wenn Sie nicht wirklich viel Zeit haben, dann ist die direkte Route besser. Fahren Sie hinter der Kreuzung US 270 nach Westen weiter, an der Gabelung müssen Sie sich in nordwestlicher Richtung halten. Folgen Sie Spur 281 bis zur nächsten Gabelung, und fahren Sie in südwestlicher Richtung. Machen Sie sich auf einen Hochgenuß gefaßt: eine Brücke mit nicht weniger als — zählen Sie nach — 38 Bögen.

Alte Roadies haben eine Menge Erklärungen für die Anzahl der Bögen: häufige Unterspülungen, das Gewicht von Panzer-Kolonnen, Stahlknappheit und so weiter. Die Wahrheit ist, daß jeder Bogen ganz einfach nur begrenzte Ausmaße haben konnte, damit die frühen Straßenbaumaschinen ihn auch an Ort und Stelle heben konnten. Wenn Ihnen die Geschichte mit der Panzer-Kolonne besser gefällt, behalten Sie diese. Reisen heißt auch, die Geschichten, die wir am liebsten mögen, mit nach Hause zu nehmen.

Von **Bridgeport** fahren Sie in westlicher Richtung weiter nach **Hydro.** Seien Sie aber vorsichtig, die Straße hat eine ganze Menge Schlaglöcher in diesem Teil, und der Belag besteht gelegentlich nur aus Schotter. Zwei alte Tankstellen finden Sie an dieser Strecke auch, eine ist geschlossen, die andere ist immer noch in Betrieb. Doch die Straße selbst ist die Hauptattraktion, von Bäumen beschatteter blaßrosa Beton mit unschuldig aussehenden, abgerundeten Fahrbahnbegrenzungen, die einmal als so innovativ galten. Der Ärger war, daß die im Scheitel kaum zehn Zentimeter messenden runden Erhöhungen am Fahrbahnrand viel mehr bewirkten, als von den Highway-Ingenieuren zunächst geplant war.

Statt das Wasser bei einem starken Regenguß — die einzige Form von Regen, die es in Oklahoma zu geben scheint — ins Umland abfließen zu lassen, sorgten die Begrenzungen an der Frontseite des Berges dafür, daß die Straße zu einem reißenden Strom wurde. Wenn man zwischen zwei solche Berge geriet, war es besser, einfach unten anzuhalten, bis der Regen weiterzog. Manchmal schlitterten andere Autofahrer auch den Berg hinunter, dann war das Chaos perfekt.

Die andere Aufgabe der abgerundeten Begrenzung war, Autos, die von ihrem Fahrbahnstreifen abkamen, zurück auf die Straße zu dirigieren. Und das taten sie auch. Doch eine Menge Autos überschlugen sich dabei. Es ist kaum verwunderlich, daß man diese Form der Fahrbahnbegrenzungen heute nicht mehr häufig finden kann.

Wenn Sie auf der nördlichen Service Road der I-40 nach **Weatherford** kommen, fahren Sie kurz Richtung Süden über die Washington Avenue auf die Main Street nach Westen. Ein paar Blocks weiter im Norden von hier ist die Oklahoma State University. Der Campus ist einer der schönsten entlang der Route.

Für eine kleine Mahlzeit und eine kleine Pause zum Sammeln ist das »Out to Lunch Cafe« zu empfehlen. Nette Leute, gutes Essen und hübsche, bodenständige Kellnerinnen, von denen niemand verlangt, daß sie jedem Gast ihren Vornamen entgegenplappern, um das Gericht des Tages an den Mann zu bringen. Hier lächeln die Kellnerinnen nur dieses wunderbare Hallo-Allerseits-Lächeln, das so typisch für Oklahoma ist, und lassen den Gast seine Entscheidung in Ruhe selbst treffen. Was kann schöner sein? Vielleicht noch zusammen mit einem Mädel die Hollywood-Schaukel und eine Limonade teilen.

Wenn Sie Weatherford verlassen, fahren Sie geradeaus weiter Richtung Westen, während der Staats-Highway sich Richtung Südwesten krümmt. Biegen Sie an der 4th Street (State Road 54) nach Süden ab. Folgen Sie einer scharfen Biegung nach Westen, und fahren Sie auf der alten Route 66 weiter, die hier auf der Nordseite der I-40 liegt. An der T-förmigen Kreuzung überqueren Sie die I-40 wieder, am nächsten Stopp biegen Sie nach Westen ab und steuern auf der Südseite bis zur nächsten Interchange.

Kehren Sie auf die Nordseite zurück und fahren auf

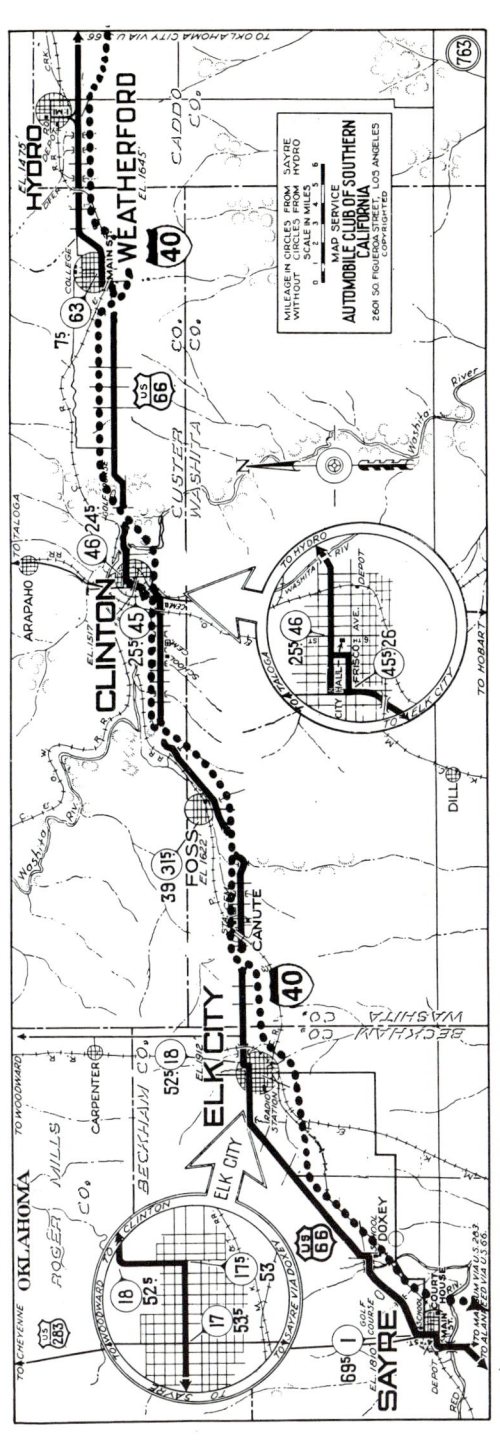

der vierspurigen Fahrbahn der Choctaw Avenue nach
Clinton. »Pop Hicks Restaurant« einige Blocks weiter,
auf der rechten Straßenseite, ist bei den Einheimischen
beliebt für einen Schwatz und eine Mahlzeit – ein
Route-66-Original seit 1936. Das Restaurant ist wie ein
städtischer Anzeiger mit Silberbesteck. Für eine Tour
durch die Stadt biegen Sie an der 4th Street nach Süden ab, an der Frisco Avenue nach Westen. Die
Hauptstraße Amerikas ist nirgendwo hübscher als in
Clinton, nehmen Sie sich also Zeit und genießen Sie.

Die meisten Elvis-Erscheinungen an der alten Route
66 haben etwa die Qualität eines UFOs, man kann
hier aber tatsächlich in einem Zimmer schlafen, in dem
auch Elvis sein Haupt zur Ruhe gebettet hat. Das Motel
heißt »Trade Winds Courtyard Inn«. Wenn Elvis nicht
Ihr Stil ist, hat man vielleicht auch ein Margaret-
O'Brien-Zimmer. Fragen schadet nichts.

Wenn Sie Clinton verlassen, müssen Sie sich zwischen einer weiteren Mahlzeit oder einer Landschaft
entscheiden. Um der alten Route 66 zu folgen, müssen
Sie an der 10th Street, aus der später der Neptun Drive
wird, nach Süden abbiegen. An der Gabelung halten
Sie sich rechts der Gastwirtschaft und des alten Motels
und steuern Richtung Westen auf die Commerce Road.

Wenn Sie sich allerdings für ein Weltklasse-Grill-
sandwich entschieden haben, ein Brötchen, das die
Größe von Delaware hat, dann fahren Sie in Richtung
der Interstate zu »Jiggs Smokehouse«. Jiggs hat einmal
mit einem Schild am alten Highway geworben, doch
das Schild ist schon vor ein paar Jahren zusammenge-
brochen. Das macht gar nichts. Das Grill-Restaurant ist
so bekannt, daß Gäste von beiden Küsten regelmäßig
auftauchen, um hier ihre Lust auf Gegrilltes zu befriedi-
gen. Selbst Leute, die sonst im Gehen essen und ihren
Mahlzeiten selten viel Aufmerksamkeit schenken, ge-
schweige denn große Barbecue-Fans sind, enden hier,

weit vom Highway entfernt, und ertappen sich dabei, wie sie die Soße vom Wachspapier lecken. Jiggs liegt auf der Nordseite der I-40 an der Ausfahrt Parkersburg Road, etwas westlich von Clinton. Nehmen Sie sich ein bißchen Zeit zum Verweilen.

Die West Commerce Road führt zur Stafford Ausfahrt. Von hier können Sie auf der nördlichen Service Road weiterfahren. An der Clinton Lake Road müssen Sie wieder auf die Südseite der Interstate kreuzen. Kurz nach den Bahngleisen fahren Sie wieder zurück auf die Nordseite. Sie können aber auch auf der I-40 Richtung **Elk City** donnern. Auf einer vierspurigen Fahrbahn kommen Sie nach Elk City. Fahren Sie etwa eineinhalb Meilen zur Ausfahrt kurz hinter dem T-33 Jet. An der Country Club Road steuern Sie in westlicher Richtung weiter zum Park. An der Kirche biegen Sie nach Süden auf die Main Street ab. Folgen Sie der Main Street zum Broadway, biegen Sie rechts ab und fahren Sie zur T-Kreuzung an der Pioneer Road. Von hier geht es einen Block in nördlicher Richtung. An der 3rd Street biegen Sie in westlicher Richtung ab. An der Kreuzung finden Sie ein Museum und einen netten Park mit einer Eisenbahn für Kinder.

Wenn Sie allerdings zur Mittagszeit hier vorbeikommen, dann sollten Sie die 3rd Street zurückfahren und im »Country Dove«, einem Souvenirladen und exzellenten Teehaus, haltmachen. Oklahoma ist – wie Sie mittlerweile wahrscheinlich selbst festgestellt haben – kein Paradies für feine Gaumen. Aber selbst wenn ein leichtes vegetarisches Mittagessen Sie nicht überzeugen kann, das French Silk Pie wird es bestimmt. Dieses Dessert ist so leicht, daß man das Gefühl hat, Schokoladenluft zu probieren. Schon mancher hat sich gefragt, ob er dafür wirklich eine Gabel benutzen oder ob er sich das Zeug gleich auf den Körper schmieren soll.

Um auf der alten Strecke weiterzufahren, biegen Sie auf die Frontage Road auf der Nordseite vor der Einfahrt zur I-40 ab. Nach viereinhalb Meilen müssen Sie zurück auf die Südseite. An der Cemetery Road kreuzen Sie wieder auf die Nordseite. Fahren Sie weiter bis nach **Sayre,** am nächsten Stopp biegen Sie nach rechts auf den Business Loop 40 ab. Auf der 4th Street (US 283) fahren Sie in südlicher Richtung durch Sayre, folgen Sie der Straße direkt über den Red River (wie der gleichnamige Film), ohne daß Sie noch einmal auf der Main Street nach Westen abbiegen. Die alte Brücke dort ist nämlich außer Betrieb.

Diese alte Route-66-Brücke in Sayre soll auch der Schauplatz eines großen, aber recht ominösen Indianeraufstandes im Jahre 1959 gewesen sein. Die Brücke selbst war niedergebrannt und deshalb verbarrikadiert worden. Als Reisende aus anderen Bundesstaaten hier durchkamen und aufgrund der Umleitung langsamer fuhren, erzählten Oberschüler aus Sayre den Touristen ganz aufgeregt, daß sie besser ihre Scheiben hochkurbeln und so schnell wie möglich Richtung Westen fahren sollten – denn die Indianer hätten die Brücke niedergebrannt und seien auf dem Kriegspfad. Die Highway-Polizei von Oklahoma hatte den Rest des Tages alle Hände voll zu tun, Richtung Texas rasende Autofahrer anzuhalten, die sich vor all den wildgewordenen Indianern in Sicherheit bringen wollten.

Sie sollten in einem gemütlicheren Tempo Richtung Westen fahren. Eine Meile hinter der derzeitigen Brücke biegen Sie auf die nördliche Frontage Road ab. Fahren Sie unter der I-40 auf die Südseite und steuern Sie Richtung **Erick.** Diese angenehme hilfsbereite Stadt hatte ein Geschwindigkeitsproblem ganz anderer Art – und witzig war es mit Sicherheit nicht. Erick hatte für Autofahrer, die gerne einmal ein wenig schneller fah-

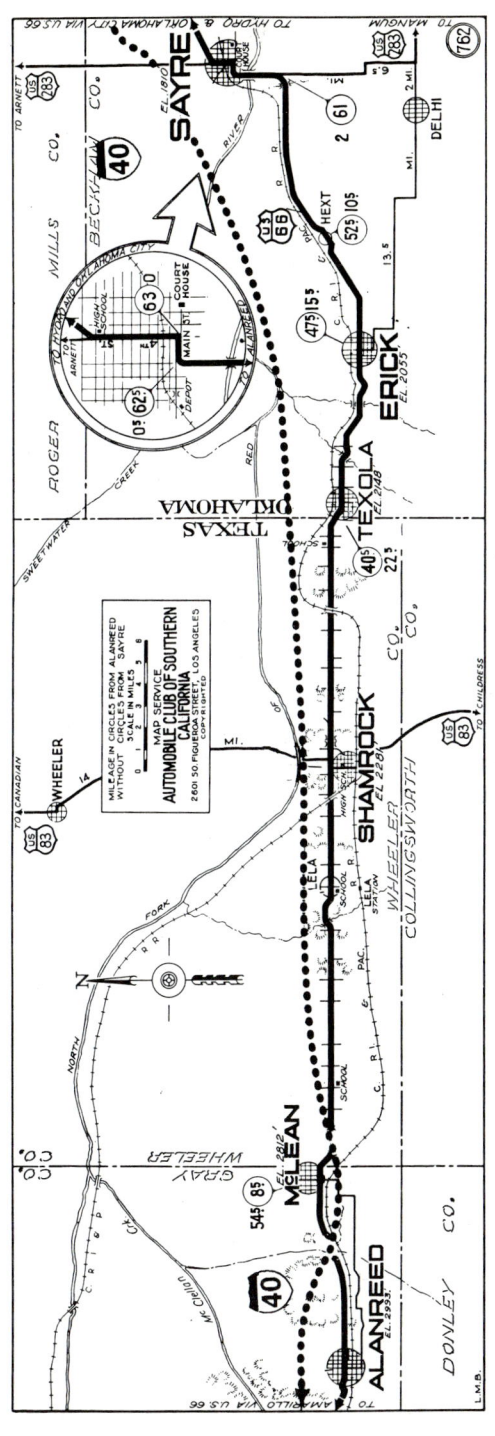

ren, die gemeinste Geschwindigkeitsfalle in den USA. Mit einem schnellen schwarzen Ford Baujahr 1938 schnappte sich ein gewisser Officer Elmer jeden, den er sich ausgeguckt hatte. Als er einmal sogar Bob Hope stoppte, scherzte der in seiner nächsten Radio-Sendung, daß das einzige Verkehrsmittel, mit dem er je wieder durch Erick reisen würde, ein Esel sei.

Doch Officer Elmers Meisterschaft hatte sich bald als abträglich für die Stadt erwiesen. Das Touristengeschäft war stark zurückgegangen, und Elmer mußte gehen — wenigstens offiziell. Aber in dunklen Nächten, das erzählen sich wenigstens manche Reisende an diesem Abschnitt der alten Straße, taucht im Rückspiegel manchmal immer noch plötzlich ein alter schwarzer Ford V-8 auf. Nur eine Warnung vielleicht.

Weiter drunten in **Texola** war die Geschichte eine ganz andere. Die Jahre, in denen LKW-Fahrer und Reisende in Texola haltmachten, waren lange vorbei, als die Bewohner des Ortes eines Morgens aufwachten und feststellten, daß ein paar Scherzbolde auf das riesige, dem Highway zugewandte Texola-Schild geklettert waren und dort das T mit einem S vertauscht hatten. Binnen weniger Stunden hielten Fremde und kauften in den Geschäften ein, nur um zu fragen, wo denn »das Haus« nun sei.

Dort, wo das Willkommensschild mit der schlüpfrigen Botschaft einmal stand, ist heute nur noch ein Fundament zu sehen. Doch wenn Sie die Augen ein wenig zusammenkneifen, dann ist es nicht schwer, sich vorzustellen, wie einladend das Schild auf jemanden, der schon lange unterwegs und weit weg von Zuhause war, gewirkt haben muß.

Texas

Ohne einen Fluß oder einen kontinentalen Graben-
bruch sind die Grenzen zwischen zwei Bundesstaaten
oft kaum wahrzunehmen. Doch hier ist das anders.
Fast im selben Augenblick, in dem man nach Texas
fährt, verändert sich die Landschaft. Es ist fast, als habe
sich jemand dieses Land ganz genau angesehen und
ohne Rücksicht auf politische Interessen entschieden,
daß die Staatsgrenze genau *hierher* gehört.

Wenn man aus den hügeligen, bewaldeten Bergen
Oklahomas kommt, dann öffnet sich die Panhandle
(panhandle = Pfannenstiel) von Texas wie eine im-
mense natürliche Bühne. Binnen weniger Meilen wird
das Land flacher, eckiger und ein wenig bedrohlich.
Kein Ort, an dem man in einem klapprigen alten LKW,
der seinen Geist aufgibt, hängenbleiben will. Besonders dann nicht, wenn man eine Okie-Familie war, die
um jeden Preis versuchte, Kalifornien zu erreichen.
Ganz sicher keine liebliche Gegend. Aber eine Gegend, die in ihrer endlosen Ausdehnung so überwälti-
gend ist wie die See. Dieses Land fordert Sie auf, sich
ihm zu öffnen, es ganz in sich aufzunehmen — oder so
schnell wie möglich die Flucht in angenehmere Gefilde
zu ergreifen.

Wenige Gegenden in Amerika kratzen an primitiven
menschlichen Emotionen auf eine Weise, wie Texas
das tut. Menschen, die auf diesem Land leben, sind
entweder von einer grimmigen Loyalität besessen, die
man nur von Menschen kennt, die es gelernt haben,
Unbilden leicht zu nehmen — oder von dem brennen-

den Verlangen getrieben, hier so schnell wie möglich abzuhauen.

Selbst die Überreste der Route 66 haben etwas Rohes, wie sie allmählich die Hänge westlich von Alanreed hinaufklettern. Hinter diesen zerfallenen Felshängen beginnen die »High Plains«. Ein paar Meilen weiter verschwindet der unruhige Charakter des Landes fast völlig, und eine unendliche, baumlose Hochebene glättet den Horizont bis hinein nach New Mexico.

Windig, trocken, grenzenlos — selbst für das »65-Meilen-pro-Stunde-Auge« scheinen die Entfernungen endlos. Die frühesten Reisenden, die durch diese Gegend kamen, waren überzeugt davon, daß sie sich hier draußen zu Tode verirren würden. Also rammten sie Pfähle in die kleinsten Erhebungen, um auf diese Weise ihren Weg zu markieren. Als die ersten Reiter aus dem Süden nach Texas kamen und diese hinfälligen Wegweiser sahen, nannten sie diese Region das Llano Estacado — das gepfählte Land.

Wenn Sie diese Region heute relativ angenehm durchqueren, stellen Sie sich doch einmal vor, allein zu sein, in einem früheren Jahrhundert. Pfähle oder nicht, hätten Sie diesen 200 Meilen langen Weg zu Fuß gehen können, auf der Suche nach etwas Besserem als Sie es bereits zu Hause hatten? Hätten Sie's getan? Es ist interessant festzustellen, wie fest uns der Teufel Bequemlichkeit doch im Griff hat, nicht wahr?

Doch Sie sollten nicht nur durch die Windschutzscheibe nach draußen schauen, nehmen Sie sich ein paar Minuten Zeit — draußen, an diesem alten Teil der Straße oder in der Nähe von Claude oder Adrian oder hinter Amarillo. Gehen Sie ein wenig zu Fuß, weg von ihrem Auto-Kokon und der Sicherheit des angenehmen, vorhersehbaren Highways. Selbst ein paar Meter erfüllen schon ihren Zweck — ganz gleich welcher kleine Fleck nach Ihnen ruft.

Machen Sie Bekanntschaft mit dem Wind. Nicht Worte und auch kein anderes Medium können vermitteln, wie sich frühe Reisende hier in diesem Land gefühlt haben müssen. Nur der Wind drückt diese Emotion auf ganz perfekte Weise aus. Finden Sie also einen Flecken, spazieren Sie hin und reinigen Sie ihren Geist für einige Minuten. Und achten Sie auf das, was Sie fühlen, wenn Sie den Wind, der älter ist als die Hochebene selbst, in ihrem Gesicht spüren. Nehmen Sie sich einen Augenblick Zeit, und begreifen Sie, was dieses Land bedeutet, bevor Sie weiterfahren. Fühlen Sie, was es bedeutet, hier draußen zu sein.

In Texas.

Von Shamrock nach Adrian

Von Texola fahren Sie auf der südlichen Service Road Richtung Shamrock. Nehmen Sie dann den Business Loop 40 in die Stadt. An der Kreuzung mit der US 83 schauen Sie in jedem Fall ins »U Drop Inn« — ein freundliches Restaurant, ideal für die Kaffeepause. Die Tankstelle nebenan wurde im Jahr 1936 erbaut und ist eines der feinsten Beispiele für Art-déco-Architektur an der alten Route 66. Shamrock war einmal ein blühendes Zentrum für Erdöl und Erdgas und feiert in jedem Jahr sein irisches Erbe. Aber irgendwie ist dieses Image verwirrend. Ein irischer Kobold in Chaps? Duke Wayne in einer grünen Derby-Kappe?

Von hier aus ist es einfacher, Richtung Westen auf der Interstate weiterzufahren. Sie werden, besonders auf der Südseite der I-40, Teile der alten Route 66 sehen, doch die meisten Abschnitte sind isoliert und schwer zu erreichen. **McLean** ist jedoch einer der schöneren Orte auf der Panhandle, und so wollen Sie die Interstate vielleicht verlassen. Das Leben hier hat

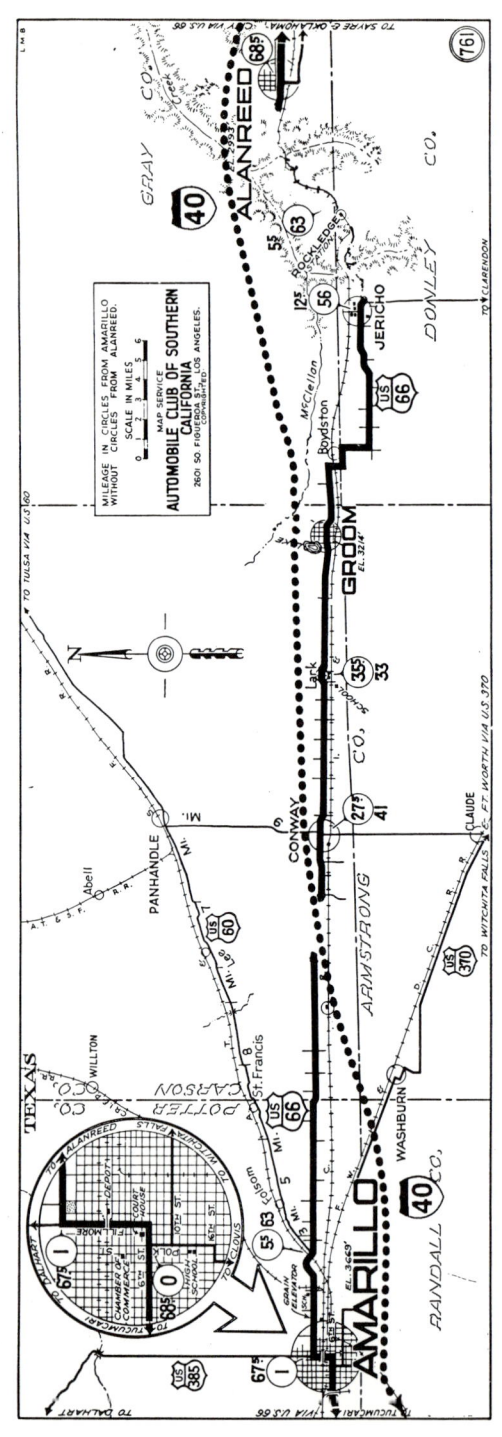

ein gemächliches Tempo. Kleine Orte wie diese waren einmal wie eine amerikanische Großfamilie. Und McLean ist das auch heute noch. Seit 1991 gibt es in McLean ein sehenswertes Route-66-Museum. Während des Zweiten Weltkrieges gab es östlich der Stadt ein Lager für deutsche Kriegsgefangene. An Wochenenden hatten einige der Gefangenen Freigang für einen Film oder eine Schoko-Soda in »Rexall's Drogerie«. Einige Leute in der Gegend regten sich darüber mächtig auf. Sie vergaßen dabei, daß Kriegsgefangene keine Verbrecher sind und daß die Deutschen kein Interesse daran hatten zu fliehen. Denn selbst wenn sie irgendwie ihren Weg nach Deutschland zurückgefunden hätten, hätte man sie dort nur zum Dienst an die russische Front geschickt – praktisch ein Todesurteil. Dennoch – ein Kriegsgefangenenlager mit so großzügigen Regeln hatte schnell den Beinamen »Fritz Ritz«.

Von McLean folgen Sie der alten Route 66 auf der Südseite der I-40 durch **Alanreed,** dann kehren Sie zurück auf die I-40. Weiter im Westen, in der Nähe von **Groom,** wird der »Britten USA«-Wasserturm ganz sicher ihre Aufmerksamkeit erregen. Und das war auch so geplant. Denn wie viele Leute haben nicht dies und jenes eingekauft, wenn sie sich in den Geschäften nach dem schiefen Turm erkundigten. Nicht gerade stilvoll. Aber das ist Marketing in der besten Highway-Tradition.

Wenn Sie der Interstate ein wenig müde sind, dann sollten Sie die nächste Ausfahrt Richtung Süden nach **Claude** nehmen, ein Ort, durch den die Original-Route-66 aus den Jahren 1926/27 führte. Über die US 287 kehren Sie wieder auf die I-40 zurück. Fahren Sie weiter bis zur Ausfahrt 75 in **Amarillo,** wenn Sie Ihr Glück mit einem riesengroßen, zwei Kilo schweren Steak in der »Big Texan Steak Ranch« versuchen wollen. Wenn man nachrechnet, dann kann man's eigentlich nicht schaffen, aber was soll's. Es ist gewiß eines der sichereren Glücksspiele der Stadt.

Für fortgeschrittene Fälle einer Art »Zu-flach-Fieber«, das dieser Abschnitt des Highways bei manchen Zeitgenossen hervorruft, fahren Sie auf der I-27 Richtung Süden und biegen in **Canyon** Richtung Osten auf die State Road 217 ab. Hier, weniger als eine halbe Stunde von Amarillo entfernt, finden Sie eine der schönsten Gegenden des Südwestens: Palo Duro Canyon.

Es scheint, als ob die Natur der Meinung war, daß die Hochebenen der Panhandle ein wenig Kontrast brauchen — eine Ausnahme, um die Regel zu bestätigen. Palo Duro ist genau das. Die Farben in ihren bezaubernden Wüstentönen und die unerwarteten Felsenformationen dieses Cañons sind einzigartig. Wanderwege sind leicht zu finden, genauso wie viele Meilen landschaftlich reizvolle Straßen und Reitwege. Pferde kann man ganz in der Nähe mieten, und es gibt sogar eine Miniatur-Eisenbahn für Kinder. Der Cañon ist am schönsten kurz vor der Abenddämmerung und am frühen Morgen. Also planen Sie eine Übernachtung in Amarillo ein, wenn das möglich ist.

Folgen Sie dem Business Loop 40 auf den Amarillo Boulevard (Ausfahrt 85), so kommen Sie auf die alte Stadtroute. Entlang dieses Abschnitts herrscht original Route-66-Atmosphäre, auch wenn in Richtung Stadt alles ein bißchen kitschig wird. Aber unterschätzen Sie Amarillo nicht. Es ist einer der unterbewertetsten Orte entlang der Route 66 und ein wenig Zeit wert. Da Teile der Original-Route heute Einbahnstraßen sind, müssen Sie an der Pierce Street nach Süden abbiegen und an der 6th Street wieder Richtung Westen. Es gibt eine Reihe interessanter Geschäfte aus alten Route-66-Tagen, und die örtliche Kaufmannsorganisation arbeitet hart daran, ein wenig von der alten Highway-Atmosphäre aufleben zu lassen. Erst kürzlich wurde eine Studie fertiggestellt, die zeigen soll, wie der westliche Teil der 6th Street wiederbelebt werden und man Anwohner für dieses Projekt gewinnen kann.

Ursprünglich war dies hier Teil des Vororts **San Jacinto Heights,** und es liegt immer noch etwas von dem Gefühl einer typischen texanischen Stadt in der Luft, wo der Bibel-Gürtel frontal mit Wildwest-Traditionen zusammenstößt. Häuser, in denen Frauen zweifelhaften Rufes ihrem Gewerbe nachgingen, wurden, so erzählte einer der Honoratioren der Stadt, wenn der Besitzer wechselte, oft mit fanatischem Eifer vom sündigen Geist befreit. Doch während sie in Betrieb waren, existierten diese Lasterhöhlen direkt neben einem Familien-Restaurant, in dem im Jahre 1930 das »Original-Pig-Hip-Sandwich« kreiert wurde.

Nicht weit von hier stand das »Amarillo Natatorium«, das wenigstens zeitweise Erleichterung von der Sommerhitze verschaffte. Als echtes Panhandle-Phänomen sah das Hallenbad mit seiner maurisch-burgartigen Vorderfront, dem dampfschifförmigen Hinterteil und einer Fassade, über die unzählige Bullaugen versprenkelt waren, aus wie ein architektonisches Appaloosa-Pferd, ein Schecke.

Auch wenn das Natatorium als Schwimmbad keinen rechten Anklang fand – als »Ballroom« wurde das »Nat« zur echten Attraktion. Nach seiner Wiedereröffnung im Jahr 1926 (dasselbe Jahr, in dem die Route 66 designiert wurde) spielten im »Nat« die Top-Bands der 30er und 40er Jahre – Paul Whiteman, Count Basie, Louis Armstrong, Benny Goodman und Harry James. Nicht schlecht für ein ehemaliges Hallenbad.

In Erinnerung blieb Amarillos westliche 6th Street vor allem als Marktstraße, in der selbst die Kaufleute, ganz im texanischen Stil, aus der Hüfte schossen. In weniger guten Zeiten hatte ein Kolonialwarenhändler einmal die Idee, seine Tagesangebote vom Dach seines Ladens zu verkünden. Um die Aufmerksamkeit der Leute zu erregen, warf er lebende Hühner vom Dach. Es ist bekannt, daß Hühner in ihrer natürlichen Verfassung ein klein wenig fliegen können, doch bei diesen Hühnern handelte es sich um marktfertiges Federvieh mit gestutzten Flügeln, das eher die Flugfähigkeit eines mit Federn behängten Steins hatte. Mehr als einen kaum kontrollierten freien Fall konnte man vom Dach aus also nicht erwarten. Wer bei diesem Lebensmittelhändler einkaufen wollte, mußte auf alles gefaßt sein. Und wahrscheinlich auch Hühner ganz besonders mögen.

Der Unfug mit den Hühnern ist vorbei — und das ist auch gut so —, aber es gibt hier noch eine ganze Menge interessanter Dinge zu sehen, bevor Sie diesen Teil von Amarillo verlassen. In südwestlicher Richtung fahren Sie über die Bushland bis zur 9th Avenue, auf der Sie Richtung Westen die Stadt verlassen. Westlich von Amarillo verläuft die alte Route 66 nur als nördliche Service-Road der I-40. Es bringt also nicht viel, auf der alten Straße zu fahren, die hinter **Vega** und **Adrian** wieder auf die Interstate führt.

Wenn Sie Richtung Westen aus Amarillo herausfahren, halten Sie Ausschau nach einer Gruppe von zehn Cadillacs — mit den unterschiedlichsten Haifischflossen —, die südlich der Interstate schön nebeneinander in die Erde gerammt sind. Auch wenn sie so aussehen, als ob Druiden sie hier vergessen hätten, so wurde die »Cadillac Ranch« tatsächlich von dem Pop-art-Mäzen Stanley Marsh 3 hier plaziert. Das Monument ist vielleicht das deutlichste Mahnmal gegen die Überflußgesellschaft im vom Erdöl getriebenen Amerika. So sehr wir es auch versuchen mögen, es ist schwer, die Botschaft dieser eisernen Dinosaurier zu überhören. *»Ändere dich«,* sagen sie in ihrer stummen Eloquenz, *»oder gesell dich zu uns.«*

New Mexico

New Mexico hat der Himmel geboren. Andere Regionen entlang der alten Route 66 wurden von Flüssen, Bergen und Hochebenen geformt. Andere Staaten wurden von Männern mit eisernem Willen geschmiedet, die hinter verschlossenen Türen einen Waffenstillstand, einen Kompromiß, zu verteidigende Grenzen aushandelten. Doch New Mexico hat keine Tür vor seiner Geschichte, kein Dach über seiner Existenz. Zuallererst sind die Menschen hier diesem Land selbst und seinem unendlichen Himmel untertan. Grenzen scheinen am besten festgelegt, wo diese beiden — Himmel und Erde — sich treffen.

Aus neumexikanischer Sicht sind Städte Treffpunkte — für Kunst wie für Handel —, aber nicht Lebens- oder Machtzentren. Santa Fe ist älter als jede andere Stadt Kolonialamerikas und seit mehr als dreihundert Jahren Hauptstadt, doch seine Bevölkerung zählt kaum 75 000 Menschen. Das älteste Regierungsgebäude der Vereinigten Staaten steht hier in Santa Fe. Doch trotz dieses Frühstarts weigerte sich die Stadt, einen richtigen Flughafen zu bauen. Neulinge verstehen das meist erst, wenn sie eine Weile hier gelebt haben. Dann wird ihnen klar, warum es in Santa Fe keine große Fluglinie gibt — sie würde mit dem Himmel in Konflikt geraten.

Spätestens wenn sie Tucumcari erreichen, nehmen Route-66-Reisende etwas Besonderes am Himmel wahr. Die Farbe — ein tiefes, transparentes Kobaltblau — kann sogar erfahrene Fotografen verblüffen. So ist

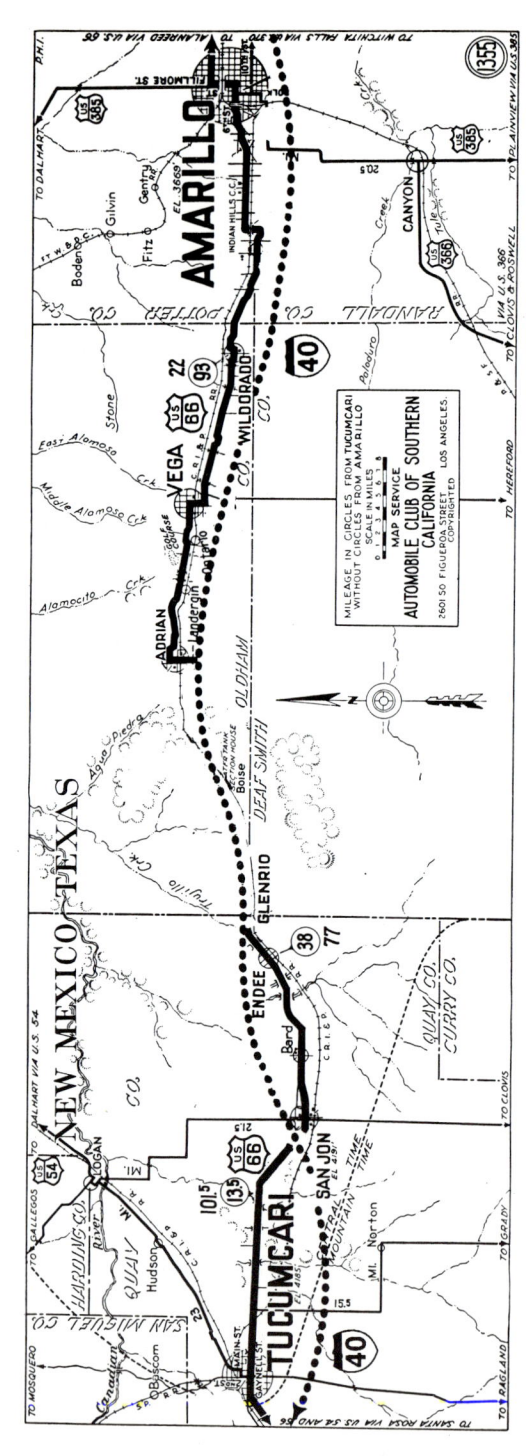

es nicht überraschend, daß sich zuerst Maler und später Schriftsteller hier niederließen, lange bevor sich die Route 66 ihren Weg durch das Land bahnte. Wenn man im strahlenden Sonnenschein durch das Hochland New Mexicos fährt und die Regenwolken-Türme so nahe sind, daß man nach ihnen greifen möchte, dann hat man sehr schnell das Gefühl, als stünde man auf einer riesigen Bühne, immer genau mitten in einer Vorstellung.

Es verwundert nicht, daß Reisende in einer Region wie New Mexico religiös werden — in welcher Form auch immer —, hier, wo Himmel und Erde und Wind und Wasser sich auf so überraschende Weise miteinander verbinden. All die simplen Kategorien des Verstandes, all die Vorstellungen davon, wie die Dinge sind und wie sie nicht sind, beginnen hier zu verschwimmen. Wenn man der Route 66 in langsamerem Tempo durch die östlichen Berge, über die Wasserscheide und in das Land der Mesas folgt, ändert sich die Wahrnehmung. Der Beobachter wird hier ein Teil dessen, was er beobachtet, und fühlt sich mit der Welt verbunden. Reisende verlieren hier das Gefühl der Entfremdung und Heimatlosigkeit, das sich bei solch langen Touren durchs Land oft einstellt.

Dieses verzauberte Land verlangt von Ihnen, der Sie als Reisender unterwegs sind, nur eines: es bittet Sie darum, sich verzaubern zu lassen.

Von Glenrio nach Albuquerque

Auch wenn das Schild für den Business Loop von **Glenrio** ein wenig irreführend ist, bleibt diese fast leere Stadt eines der charmantesten Überbleibsel an der alten Route 66. Das bekannte »Last Motel in Texas/First Motel in Texas« florierte hier nur wenig östlich der

Staatsgrenze. Doch das Schild ist verblaßt und zerfallen, zusammen mit den Träumen eines weiteren vom Verkehr abgeschnittenen Ortes. Die alte Route führt weiter nach **San Jon**, doch wenn Sie dem Ort einen Besuch abstatten wollen, vermeiden Sie am besten die alte Straße, deren Fahrbahn hier nur noch mit wenig verläßlichem Schotter bedeckt ist. Nehmen Sie für ein paar Meilen die Interstate. In San Jon fahren Sie dann zurück auf die alte Straße an der Südseite und steuern in westlicher Richtung nach Tucumcari. Kurz bevor Sie in die Stadt kommen, wechseln Sie noch einmal auf die Nordseite der Interstate.

Für die meisten Route-66-Reisenden begann der *wirkliche* wilde Westen mit irgendeinem simplen, aber bedeutungsvollen Ereignis. Für manche war es der Blick auf das erste lange zaunförmige Schild für die »Whiting Brothers« Tankstellen. Für andere war es die Ankunft in **Tucumcari**. Stadt der 2000 Gästezimmer. Der einzige Ort, die Nacht zu verbringen. Angesichts der eindringlichen Werbung entlang der Straße war es schwer, an Tucumcari vorbeizufahren, und nur wenige taten es. Folgen Sie dem Business Loop 40 (Gaynell Street auf der begleitenden Karte), und Sie werden viele überlebende Motels aus besseren Route-66-Tagen entdecken: das »Tee Pee«, das »Blue Swallow« und das »Palomino«. Schöne Erinnerungen, die für uns Reisende unvergeßlich sind sind.

Von Tucumcari fahren Sie die Service Road auf der Südseite der I-40 Richtung Westen. Nach einigen Meilen müssen Sie zurück auf die Interstate und kommen bis zu einem Abschnitt, der von **Montoya** durch **Newkirk** nach **Cuervo** führt, drei nette Dörfer, die mit dem Tode ringen und aufgereiht sind entlang der Route 66 wie Amulette an einer antiken spanischen Kette.

Dieser alte Abschnitt ist Teil der ersten Straße New Mexicos, die 1918 mit staatlichen Mitteln gebaut wur-

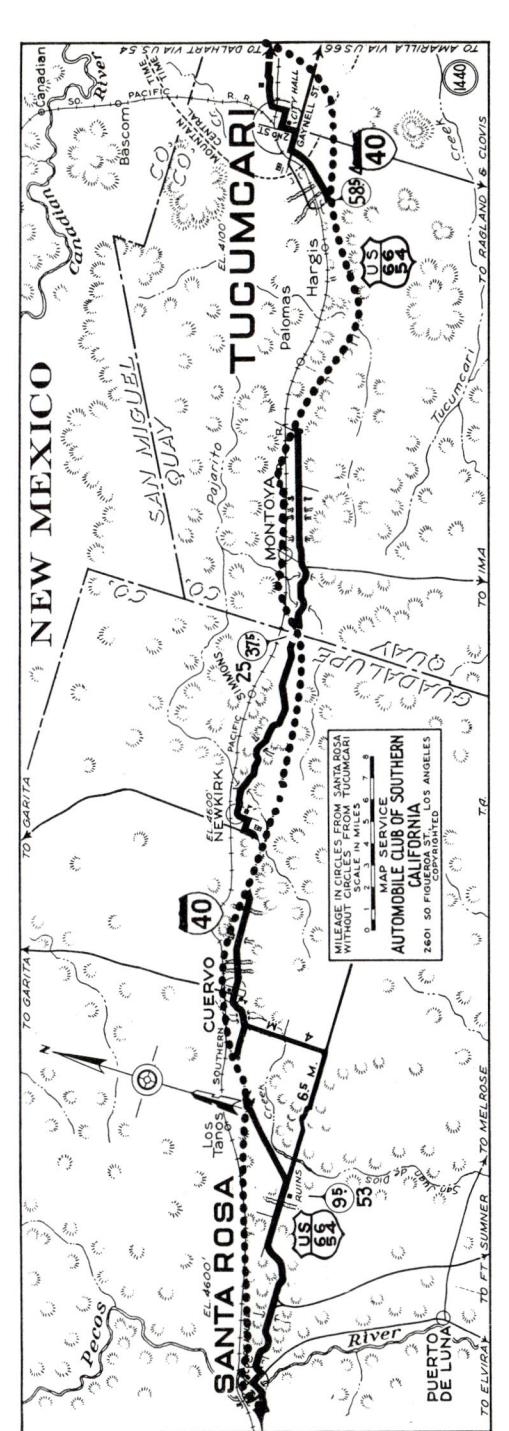

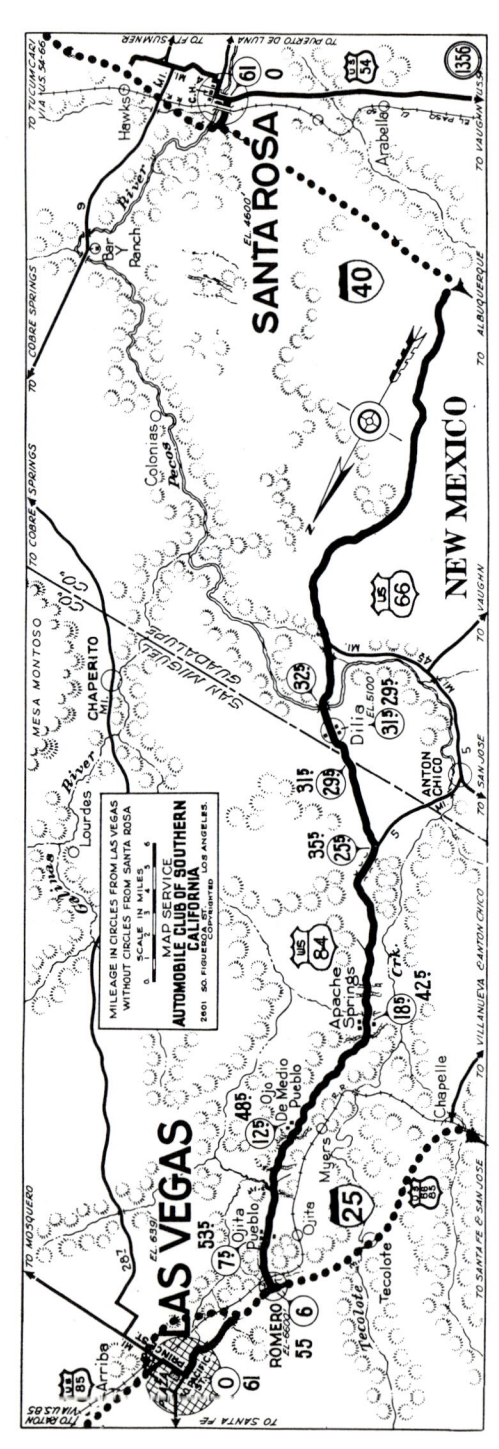

de. Die kleinen Lebensmittelgeschäfte waren nicht nur Touristenstopps, sondern Lebenszentren. Sie verbanden Reisende, Einheimische und Wanderer, die diese Breiten immer schon durchstreift haben. »Richardson's Store & Good Gulf«, »Knowles Grocery«, »Wilkerson's« — sie alle waren Stationen für die großen Trucks, für Ferienreisende, Ponys und tägliche Schulbusse. Sie alle halten hier draußen durch und warten auf eine Wiederbelebung der Route 66. Doch wie die handgemalten Schilder an den Schindelwänden verblassen auch sie schnell. Von Cuervo Richtung Westen ist die alte Strecke schon seit einiger Zeit in einem schrecklichen Zustand. Wenn hier also in der Zwischenzeit nichts repariert wurde, ist es besser, die Interstate Richtung Westen bis zur Ausfahrt nach **Santa Rosa** zu nehmen. Folgen Sie der alten Straße auf dem Will Rogers Drive in die Stadt. Santa Rosa ist selbst schon ein Route-66-Klassiker. Doch ungleich Tucumcari braucht Santa Rosa viel weniger Reklame. Santa Rosa hat das Wetter.

Wahrscheinlich sind in Santa Rosa mehr Reisende im Schnee steckengeblieben als in irgendeinem anderen Ort an der Route 66. Denn die alte Straße, kurvig wie sie nun einmal war, konnte nur sehr viel schwieriger geräumt werden als der neue Highway heute. Und da Schneeräum-Maschinen in diesem Wüstenstaat nur für teures Geld zu haben waren, blieben die meisten Reisenden erst mal in der Gegend eine ganze Weile stecken, wenn ein Blizzard wütete.

So entdeckten viele, daß Santa Rosa gar kein so schlechter Ort war, um zu stranden. Ganz besonders, wenn der Fußweg zum »Club Cafe« — ein Himmel für Route-66-Reisende — nicht allzu weit war. Mit dem »Fat Man« hat das »Club Cafe« von riesigen Schildern am Rande der Straße, von Postkarten und über die Radiowellen von KSYX Fremde seit Jahren gegrüßt.

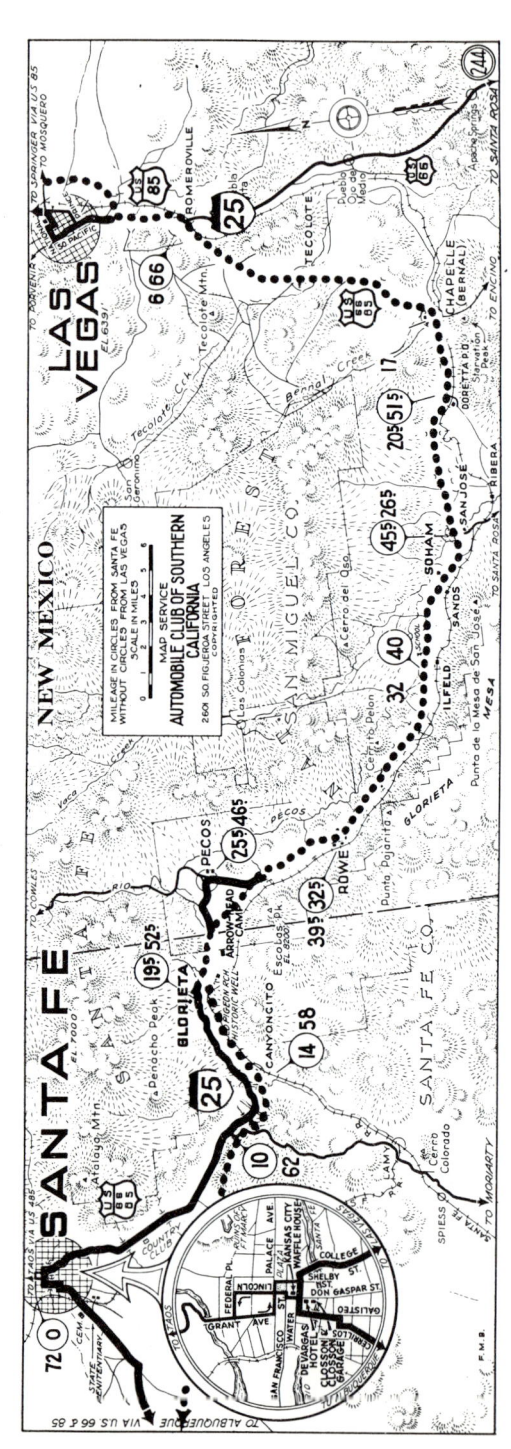

Wenn Sie also ein Flugzeug sehen, das einen Willkommensgruß an den Himmel schreibt, dann wissen Sie, wer dahintersteckt.

Wenn Sie die Stadt verlassen, haben Sie zwei Routen zur Auswahl: Sie können direkt Richtung Westen nach Albuquerque fahren – bis Moriarty auf der I-40. Oder Sie nehmen die Strecke aus den Jahren vor 1937 über Santa Fe. Beide Routen sind interessant und bunt. Die nördliche Schleife verläuft teilweise über die I-25 und dauert einen halben Tag länger.

Wenn Sie Santa Fe den Vorzug geben, biegen Sie westlich von Santa Rosa auf die US 84 nach Norden ab, die Straße stößt in der Nähe von **Dilia** auf die alte Route 66. Fahren Sie weiter bis zur Kreuzung mit der I-25 in Romero, heute **Romeroville.** Um in **Pecos** wieder auf die alte Route zurückzukommen, fahren Sie auf der Interstate in westlicher Richtung zur Ausfahrt State Road 63. In nördlicher Richtung geht es nach Pecos weiter. Lassen Sie sich hier einen Moment Zeit, und entspannen Sie sich im Hochland. Auch wenn der Ort selbst heute ruhig ist, zwei Meilen weiter gab es einmal einen ungeheuren Immobilien-Boom. Das war etwa 110 nach Christus, als die Pecos-Pueblos hier fünf Stockwerke hoch gebaut wurden. Fahren Sie auf der State Road 50 weiter nach Südwesten, und kehren Sie für einen kleinen Abschnitt auf die I-25 zurück.

An der Ausfahrt Apache Canyon/Cañoncito folgen Sie der alten Route nach **Santa Fe.** Fahren Sie über den Old Santa Fe/Pecos Trail (ehemals College Street) in die Stadt, und überqueren Sie den Fluß auf Ihrem Weg zum Plaza. Santa Fe ist eine der ungewöhnlichsten amerikanischen Städte – nehmen Sie sich also ein wenig Zeit, und erkunden Sie den Plaza. Es gibt hier so viele exzellente Restaurants und Galerien, daß man in nur ein paar Tagen vor lauter Essen und Schauen alles andere vergessen hat. Gehen Sie ins »La Fonda« zum

Frühstück, ins »The Shed« oder »La Tertulia« zum Mittagessen und nur ein paar Meilen weiter im Norden ins »El Nido« oder »El Rancho Encantado« zum Abendessen. Wenn Sie übernachten wollen, schauen Sie im »El Rey Inn« vorbei, das nicht nur ein hübsches 30er- und 40er-Jahre-Ambiente hat, sondern obendrein noch recht preiswert ist. Für eine unvergeßliche Nacht mit ganz besonderem Charme sollten Sie ein Zimmer im »Inn on the Almeda« buchen, eines der ruhigsten, elegantesten und romantischsten Hotels überhaupt.

Wenn Sie Santa Fe vom Plaza aus verlassen, folgen Sie der Don Gaspar Avenue, der De Vargas Street, der Galisteo Street und der Cerillos Road, wie auf der Karte gezeigt. Es ist eine gute Route, und Santa Fe versucht, Bewährtes nicht zu verbessern. Folgen Sie der Cerillos Road auf die I-25, und fahren Sie weiter Richtung Süden.

Ein wenig ab von dieser Route, etwa auf halbem Weg nach **Algodones,** finden Sie eine kleine Welt, die so bemerkenswert ist, daß Sie sie so bald nicht vergessen werden. Es ist der »Santo Domingo Indian Trading Post«, ein paar Meilen westlich der Interstate. Fred Thompsons Geschäft, das halb versteckt zwischen Pappeln, eingezwängt zwischen dem Galisteo Creek und den Eisenbahnschienen in der Nähe von **Domingo** liegt, ist absolut einzigartig. Journalisten des Magazins *Life* waren einmal hier draußen, um über den »Trading Post« eine Story zu schreiben. Neugierig geworden, tauchte sogar Präsident Kennedy 1962 hier auf. Bis auf die alte Frazer-Limousine, die hier draußen schon seit dreißig Jahren steht, ist alles zu verkaufen. Wie wär's mit ein paar Postkarten oder einer Soda? Oder »Dr. Peppers Vulkanisches Einreibemittel«. Vielleicht wollen Sie auch einmal in das 5000 Seiten starke Gästebuch schauen. Die Chance, daß Ihr Nachbar drin steht, ist ziemlich groß.

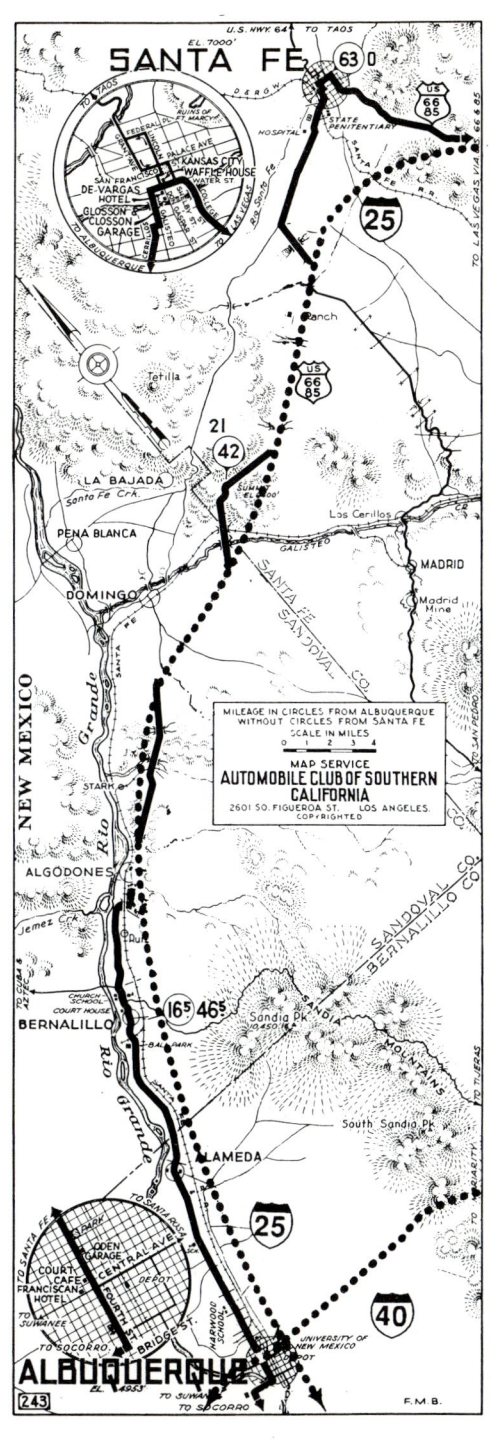

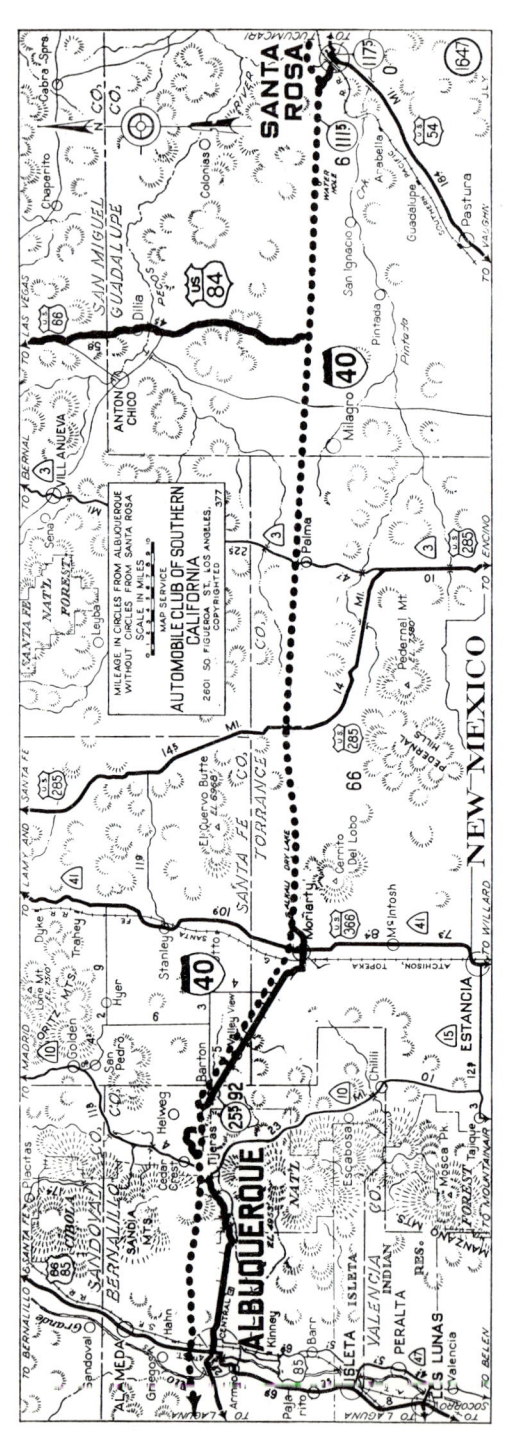

Auf der I-25 fahren Sie weiter Richtung Süden bis zur Ausfahrt Algodones. Dort kommen Sie wieder auf die alte Route (State Road 313), die durch **Bernalillo** und **Alameda** führt. Wenn Sie sich **Albuquerque** nähern, wird aus dieser Straße die State Road 556 und die 4th Street. Folgen Sie der 4th Street bis zum Bridge Boulevard, fahren Sie dann nach Westen zur Barelas Brücke und wieder nach Süden auf dem Isleta Boulevard (State Road 314). Biegen Sie in **Los Lunas** nach Westen auf die State Road 6 ab, und fahren Sie, bis Sie in Correo auf die I-40 treffen. Auf dieser Route werden Sie kaum ein anderes Fahrzeug sehen, dafür können Sie einen Blick auf eine Reihe von Baby-Vulkanen und ein paar Abschnitte der alten, alten, alten Route 66 im Süden werfen.

Wenn Sie sich die direktere Route nach Correo (ehemals Suwanee) über **Clines Corners, Moriarty, Tijeras** und Albuquerque ausgesucht haben, müssen Sie von Santa Rosa aus auf der I-40 Richtung Westen weiterfahren. Auf ihrem Weg sollten Sie sich ein paar Minuten Zeit für die alte »Longhorn Ranch« an der Ausfahrt 203 nehmen. Auch wenn die Ansammlung von Gebäuden nicht unbedingt typisch ist für Geschäfte, wie sie von der guten alten Tante Emma geführt wurden, so vermittelt die »Longhorn Ranch« doch ein wenig von der Karnevalsstimmung, die fast jede touristische Attraktion ausstrahlte. Fahren Sie zurück auf die Interstate, und folgen Sie der I-40 bis zur Ausfahrt Moriarty. Dort steuern Sie auf der alten Route durch die Stadt. Ab Tijeras folgen Sie einigen Abschnitten der alten Strecke bis nach Albuquerque.

Beide, sowohl der alte Highway als auch die neuere Interstate, sind elegant in die Landschaft gelegt — das gehört zur Kunst der Straßenbauer. Weil im Tijeras Canyon oft kein Weiterkommen war, gab es hier beim Bau immer wieder lange Verzögerungen. Ein Report des Highway-Departments von New Mexico aus dem Jahr 1951 beschreibt das Ergebnis einer Sprengung, für die tausend Löcher in einem engen Umkreis in den Fels gebohrt wurden. Das bedeutet *tausend* gleichzeitige Explosionen. Ein ziemlich großer Knall. Doch hier das interessanteste: Nach all diesem Aufwand gab es so wenig Geröll, daß alles bereits nach zwanzig Minuten weggeräumt war.

Wenn Sie auf der Interstate weitergefahren sind, können Sie die Ausfahrt Central Avenue nehmen, um auf den Business Loop zu kommen. Allerdings herrscht in den östlichen Ausläufern der Central Avenue wenig original Route-66-Atmosphäre. Wenn Sie die Interstate aber erst an der Ausfahrt San Mateo Avenue (State Road 367) Richtung Süden verlassen und an der Central Avenue nach Westen abbiegen, dann sind Sie auf einer Route, die Ihnen sehr viel mehr Zeit für eine Tour durch die Innenstadt läßt. Örtliche Wiederbelebungsprojekte haben Wunder gewirkt, und die charmanten Shops und Geschäfte in der Downtown von Albuquerque sind heute in bestem Zustand. Bei »Lindy's« gibt es schon seit 1926 prima Chili. Und die Crew des »66 Diner« hat hier ein tolles neues 50er-Jahre-Lokal eröffnet, in dem die Schokoladen-Malts fast besser sind als jede Erinnerung. Selbst der Fleischkäse (meat loaf) wird nach dem Rezept einer Hausfrau zubereitet, die gern kochte und etwas von ihrem Handwerk verstand.

Den Motels erging es weniger gut, aber es gibt immer noch einige, die überlebt haben, wie zum Beispiel das »El Vado« mit seinem fantastischen Neon-Schild. Eines der ersten und besten Restaurierungsprojekte von Albuquerque ist das hübsche KiMo-Theater. Es wurde von den Boller-Brüdern entworfen, einer Theater-Design-Gruppe, die im Südwesten für einen gewissen »Hi-Ho-Rokoko-Stil« bekannt war. Dieses Theater ist wirklich gleichsam ein Fenster in die goldene Ära der Straßen und Theater in Amerika. Es ist völlig restauriert und ein Vorbild für vieles, was anderswo an der Route 66 noch erreicht werden könnte.

Von Albuquerque nach Manuelito

Wenn Sie die Old Town Bridge Richtung Westen überquert haben, fahren Sie weiter zum Nine Mile Hill (Neun-Meilen-Hügel), der so genannt wurde, weil er genau diese Distanz von Albuquerques Zentrum entfernt ist. Am frühen Morgen oder Abend oder wenn Wolken über den Sandia-Bergen im Osten hängen, sollten Sie oben unbedingt anhalten, um ein Foto zu schießen.

Sie können der alten Route, die die I-40 flankiert, bis nach **Correo** folgen – einzig ein Zaun trennt die beiden Straßen. An der Kreuzung Rio Puerco allerdings, da sollten Sie die Interstate verlassen, um die alte Brücke anzuschauen und zu fotografieren. Der Trading Post ist jedoch vermutlich geschlossen. Es ist kaum zu verstehen, wie dieser winzige Abschnitt der alten Route wie eine Insel in der Zeit geblieben ist, wo doch die Interstate so nahe ist.

Fahren Sie auf der Interstate weiter Richtung Westen. Nehmen Sie die Ausfahrt nach **Laguna** (State Road 124), und fahren Sie auf einen fantastischen Abschnitt der alten Route 66. Dieser Teil der Strecke ist ein wenig langsamer als die State Road 6 von Los Lunas, doch hier herrscht mehr von der Atmosphäre, die den Südwesten in den 30er und 40er Jahren erfüllt haben muß, als irgendwo anders an der alten Route. Es gibt vieles wiederzuentdecken, also nehmen Sie sich Zeit. Am Laguna Pueblo sollten Sie Richtung Süden abbiegen und einer älteren Strecke folgen, die wieder zurückführt

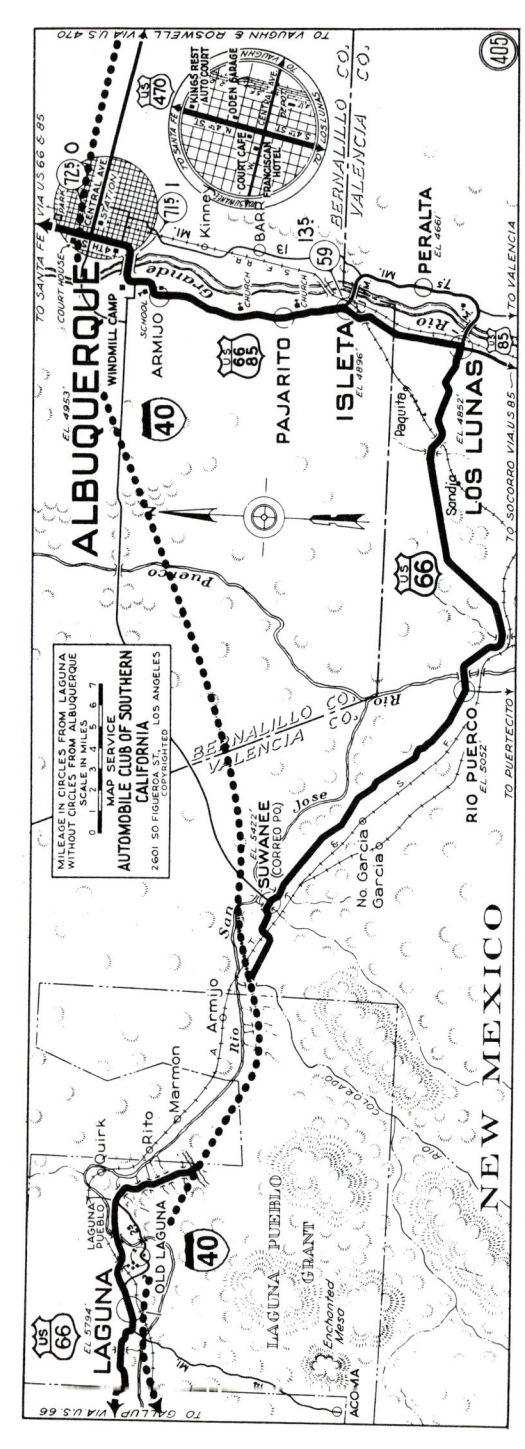

auf die vierspurige Straße. Auf dieser kleinen Schleife glaubt man, direkt in eine alte View-Master-Szene zu fahren.

Wenn Sie nach **Budville** kommen, halten Sie sich in nördlicher Richtung auf der alten Fahrbahn, die durch **Cubero** und wieder zurück auf die Hauptstrecke führt. Ganz in der Nähe, in Villa Cubero, ließ sich Ernest Hemingway mit seinen Notizbüchern nieder, um einen größeren Teil von *Der alte Mann und das Meer* zu schreiben. Er wußte so gut wie jeder andere, daß die Qualität der menschlichen Wahrnehmung von Kontrasten abhängt. Wenn man über das Meer schreiben will, dann ist *eine* Möglichkeit, ein eindrucksvolles Bild des Meeres im Gedächtnis zu behalten, sich so weit wie möglich davon zu entfernen. Cubero erfüllte diesen Zweck bestens.

Von Cubero verläuft die alte Straße bis hinter **McCartys** auf der Südseite der I-40. Später kreuzt sie zurück auf die Nordseite. Die State Road 124 endet, und Sie müssen bis zur Ausfahrt nach **Grants** wieder auf die Interstate. Wenn Sie zu denjenigen gehören, die im Sommer reisen, dann wollen Sie vielleicht von Grants Richtung Süden zu den ewigen Eishöhlen fahren, in denen die Temperatur nie höher als minus 1 Grad Celsius steigt. Selbst wenn Sie schon in einigen Höhlen waren, diese hier — das werden Sie feststellen — sind anders. Von Grants verläuft die alte Straße als State Road 122 durch **Milan, Prewitt, Thoreau** und über die Continental Divide (die Wasserscheide). Kehren Sie für etwa zehn Meilen auf die I-40 zurück. An der Iyanbito-Ausfahrt verlassen Sie die Interstate und fahren auf der Hauptstraße, die hier als Highway 66 ausgeschildert ist, nach **Gallup.**

Mehr als in den meisten Städten am alten Highway blieb in Gallup die Atmosphäre der Route-66-Ära erhalten. Nur wenig ist verlorengegangen. Die Origi-

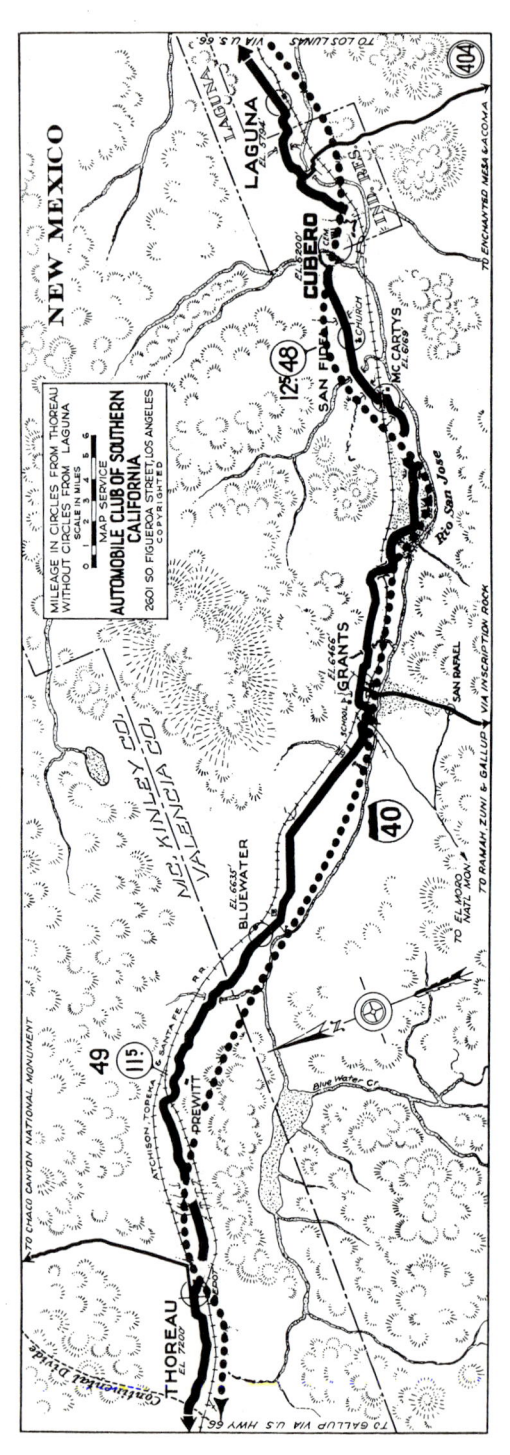

nal-66 führt als First Street nach Süden, dann als Coal Avenue nach Westen, bevor sie zurückkehrt auf den heutigen Highway 66. Achten Sie auf die hübschen alten Gebäude wie das »Drake Hotel« oder das »Grand Hotel« und das »El Morro Theater«, das auch nach einem Entwurf der Boller-Brüder entstand. Wenn Sie nach Gallup kommen, fragen Sie nach einem Führer zu den historischen Gebäuden.

Gallup hat außerdem etwas, womit wenige andere Orte an der Route 66 aufwarten können: eine langjährige Verbindung nach Hollywood. Von einem Film wie *Redskin* aus dem Jahre 1929 bis zu den mehr zeitgenössischen Abenteuern von *Superman* — die Gegend um Gallup hat mit ihrer unvergleichlichen Landschaft zu zahllosen Produktionen beigetragen. Und das »El Rancho Hotel«, das in der Zwischenzeit wunderhübsch und mit Liebe zum Detail restauriert wurde, war während der Dreharbeiten das Zuhause für Stars wie Spencer Tracy, Katherine Hepburn, Humphrey Bogart, Rita Hayworth, Errol Flynn und Gregory Peck. Das Hotel ist der Traum eines jeden Produktionsdesigners und sieht auf den ersten Blick wie eine Mischung zwischen Mount Vernon und einer Hinterhof-Kulisse des Films *Viva Villa* aus. Dennoch, das Hotel ist einladend und irgendwie genau richtig. Doch wie könnte das auch anders sein, denn das Hotel wurde für keinen Geringeren als R. E. Griffith entworfen, den Bruder des großen Filmpioniers D. W. Griffith.

Doch aufgepaßt, hier schlummert ein Rätsel. Eine Geschichte, wie sie die Stars, die hier wohnten, und die Filmfans auf der ganzen Welt lieben. Die Wahrheit ist: D. W. Griffith *hatte niemals* einen Bruder namens R. E. Griffith. Die Initialen gehörten einem Stummfilm-Star, der später als Komödienschreiber und Produzent arbeitete.

R. E. Griffith hatte Talent und war zweifellos ein Pro-

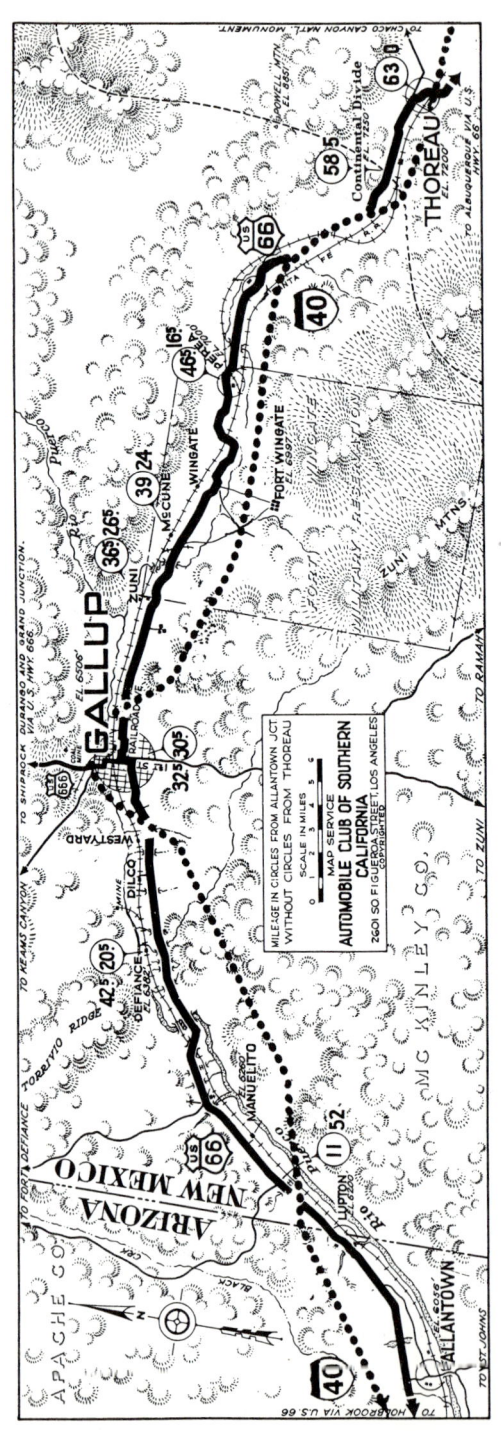

duktionsgenie — aber er hatte auch noch eine andere Eigenschaft. Er war ein pathologischer Geschichtenerzähler, der sich die unglaublichsten Geschichten ausdachte, nur um zu testen, ob man ihm auch alles glauben würde.

Vielleicht war der rätselhafte Mr. Griffith auch jemand ganz anderes. Was immer seine wahre Identität gewesen sein mag, eines muß man ihm zugute halten: die D.-W.-Griffith-Story hat mehr als fünfzig Jahre lang niemand angezweifelt. Wenn Sie im »El Rancho« übernachten — und Sie müssen es ganz einfach —, schauen Sie in der Bar vorbei und trinken Sie ein Glas auf R. E. Griffith, der zu Lebzeiten wie auch tot alle zum Narren hielt.

Fahren Sie von Gallup auf dem Highway 66 Richtung Westen, und kreuzen Sie unter der I-40 auf die Nordseite, und bleiben Sie dort, bis Sie nach **Mentmore** kommen. Dies ist wirklich ein ganz zauberhafter Abschnitt der alte Route 66, in guter Entfernung zur Interstate. Achten Sie auf die handgedrehten silbernen und schwarzen Geländer vor der alten Kirchenschule, ein paar Meilen weiter. Dort, wo die Straße auf den nach Süden schauenden Klippen ihren höchsten Punkt erreicht, sollten Sie in jedem Fall anhalten, um den Blick über das gesamte Tal zu genießen. Dies ist nur ein Teil von all dem, was den Interstate-Reisenden ein paar Meilen entfernt alles verwehrt bleibt. Nehmen Sie sich einen Moment Zeit, und achten Sie darauf, wie verschieden die Ausblicke nach Westen und nach Osten sind. Es ist kaum zu glauben, daß es sich um dieselbe Straße handelt.

Wenn Sie sich **Manuelito** nähern, fahren Sie unter der I-40 hindurch wieder auf die Südseite und dann nach Westen in Richtung der Grenze von Arizona. Jahrelang stand ein großartiger, von zwei eiffelturmartigen Säulen getragener Bogen, mit einem großen

Route-66-Schild obendrauf, an der Grenze und verabschiedete oder begrüßte die Reisenden. Er hat sich, wie das bei so vielen anderen Dingen der Fall ist, tief in das Gedächtnis der Menschen eingeprägt; heute ist der Bogen verschwunden. Auch Fotos gibt es nur sehr wenige. Wäre es nicht fantastisch, wenn man für all jene, die auf dieser Straße noch fahren werden, einen neuen Bogen im gleichen Stil entwerfen und bauen könnte? Natürlich gibt es auch heute noch ein Schild an der Grenze. Aber es ist schon ein gewaltiger Unterschied, ob man durch einen Bogen *hindurch* oder an einem Schild *vorbei* fährt. Es ist ein anderes Gefühl — ein Gefühl, das besser zu dieser alten Straße paßt und dazu, wie sie uns von einem Bundesstaat in den nächsten geleitet.

Arizona

Arizona ist einer der jüngsten Bundesstaaten der Union. Arizona ist das letzte kontinentale Territorium, das aufgenommen wurde, und mit Sicherheit auch eine der am dünnsten besiedelten Regionen der USA. Doch Arizona kann sehr gut für sich selbst sorgen.

Dies ist die Ansicht vieler Menschen, die hier im nördlichen Teil des Bundesstaates entlang der Route 66 leben. Und nützlich ist diese Einstellung obendrein. Die schlechten Verbindungen zu den wachsenden Städten im südlichen Arizona (das selbst oft als armer Verwandter von Südkalifornien gilt) haben den nördlichen Teil des Landes die Selbständigkeit gelehrt.

Viele Menschen, die in der Nähe der Route 66 leben, sind aus anderen verwaisten Regionen hierhergekommen — den Ozarks von Missouri oder der Panhandle-Region von Oklahoma und Texas — und wissen, wie das Spiel mit Business und Politik oft läuft: Wer mitspielen will, stellt keine dummen Fragen und akzeptiert die Zersiedelung der Landschaft und die Zerstörung der Natur. Nicht mit uns, haben die Menschen im Norden Arizonas gesagt. Recht haben sie.

Dies ist ein rauhes, aber schönes Land. Die Luft ist klar und schneidend und in den meisten Regionen auch sauber. Berge wie die San Francisco Peaks erheben sich spektakulär aus einer flachen Landschaft. Und so kann man sie für Stunden näherkommen sehen, bis der Highway schließlich um den Fuß der Berge kurvt und die wichtigste Nord-Süd-Verbindung kreuzt.

Arizona ist Rinderland, doch nicht so sehr eine von

diesen typischen Massenzucht-Regionen, vielmehr wirkliches Cowboy- und Indianer-Land, wie wir es aus Western-Legenden kennen. Zane Grey liebte diese Region. Er durchritt sie, durchwanderte sie und schrieb über sie. Er war bekannt für eine ganz besondere Sorte von romantischen Western-Geschichten, in denen der Held am Ende triumphiert und zusammen mit seiner Liebsten durch purpurnes Salbei in einen karminroten Sonnenuntergang ritt. Im Laufe der Jahre wurden fast 150 Millionen Bücher von Zane Grey verkauft, und viele seiner Geschichten wurden verfilmt. So kann man den Einfluß seiner Auffassung von Männlichkeit, Weiblichkeit und sozialer Gerechtigkeit auf die amerikanische Kultur und auf jeden, der das Land auf der alten Route 66 bereist, kaum hoch genug ansetzen.

Darüber hinaus ist die »Frontier« immer noch Teil von all dem, was Sie hier vorfinden. Und überall kann man Menschen treffen, die diese Zeit noch erlebten und Geschichten von Schießereien, verlorenen Goldminen und Massakern in der Wüste erzählen können. Ein Zeitsprung, der jede Minute wert ist.

Es herrscht eine unwiderstehliche Vertrautheit zwischen der Route 66 und diesem Land. Ganz besonders bei Nacht, wenn man hier ein Gefühl der Zeitlosigkeit empfinden kann. Wenn Sie erst einmal die Lichter hinter sich gelassen haben — östlich von Holbrook, oben in der Nähe des Grand Canyon, oder an der langen nördlichen Route westlich von Seligman — sollten Sie sich ein wenig Zeit nehmen und ein paar Schritte hinaus in die Nacht machen. Ziehen Sie die Dunkelheit wie einen Umhang um sich, und fühlen Sie, wie es ist, an die eigenen Grenzen zu geraten, wie das Land vor Ihren Augen und Ohren zerfließt. Holen Sie sich die Sterne vom Himmel — es gibt so viele davon hier, daß Sie vermutlich nicht einmal Ihre alten Freunde erkennen werden. Holen Sie sie ganz nahe. Spüren Sie Ihren eigenen Atem und das Leben ringsum, das Sie fühlen, aber nicht sehen können.

Es gibt nicht mehr viele Orte, an denen Sie einen Moment wie diesen erleben können. Arizona entlang der Route 66 ist einer der letzten.

Von Lupton nach Flagstaff

Fahren Sie auf der Südseite der I-40 weiter, die alte Route führt hier durch **Lupton,** kreuzt dann wieder auf die Nordseite der Interstate, bevor sie sich in Richtung **Allentown, Houck, Sanders** und **Chambers** streckt. Von Sanders nach Chambers ist die Straße auf der Nordseite nur teilweise asphaltiert. In einigen Abschnitten ist die Fahrbahn lediglich aus Schotter, oft endet sie in einer Sackgasse. Da die Straße von Chambers bis Holbrook in vielen Teilen völlig verschwindet, empfiehlt es sich, bereits von Lupton aus auf der Interstate weiterzufahren.

In weiten Teilen ist dies ein Abschnitt voller vergessener Dörfer: Houck, Cuerino, Navapache und Goodwater. Doch etwa zwanzig Meilen hinter Chambers sollten Sie Ausschau halten nach dem Petrified Forest National Park (Versteinerter Wald) und nach der Painted Desert (Bemalte Wüste). Der versteinerte Wald ist das interessantere dieser beiden Naturwunder, hier ist eine Menge vom Flair der alten Route 66 geblieben. Nehmen Sie die Ausfahrt 311, überqueren Sie die I-40 und fahren Sie auf die Park Road. Richtung Westen fahren Sie weiter auf der US 180 (ehemals US 260). Folgen Sie dem Business Loop 40, und fahren Sie auf dem Hopi Boulevard nach **Holbrook.**

Hier sollten Sie nach dem »Pow Wow Trading Post« Ausschau halten (besonders toll nachts, wenn das Neon leuchtet), nach »Joe's and Aggie's Cafe« und »Ga-

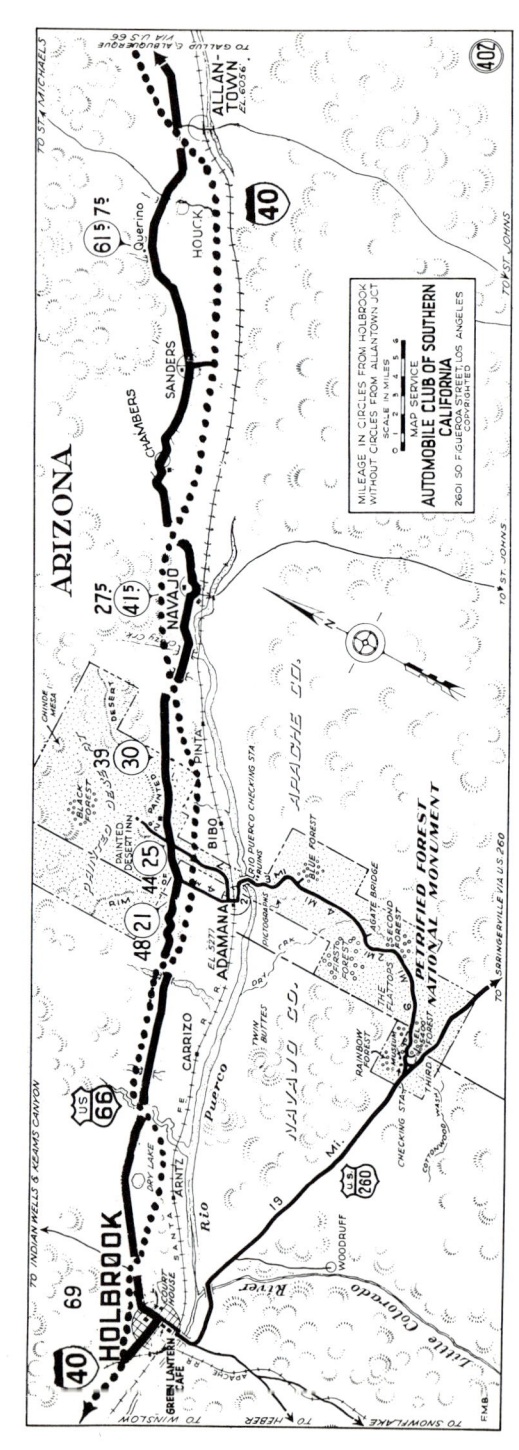

407

ARIZONA

HOLBROOK

40

US 66

APACHE CO.

NAVAJO CO.

PETRIFIED FOREST NATIONAL MONUMENT

ALLAN-TOWN EL. 6056.

40

ADAMANA

NAVAJO

SANDERS

CHAMBERS

HOUCK

Querino

61·75

275

415

30

39

44 25

48 21

69

US 260

Rio Puerco

Little Colorado River

TO GALLUP & ALBUQUERQUE VIA U.S 66

TO ST. MICHAELS

TO ST. JOHNS

TO SPRINGERVILLE VIA U.S. 260

TO INDIAN WELLS & KEAMS CANYON

TO SNOWFLAKE

TO HEBER

TO WINSLOW

WOODRUFF

F.M.B.

brielle's Pancake House«, einem besonders guten Frühstücks-Café. Wenn Sie schon immer einmal in einem Tipi schlafen wollten, ist Holbrook der beste Ort im Westen, um das zu tun. Der Entwurf des Wigwam Village wurde 1936 patentiert. Die ersten Motels dieser Art entstanden in Kentucky und im Südosten der USA. Ein ähnliches Motel wurde auch in Rialto, Kalifornien, an der Route 66 gebaut. Doch nur die Tipis in Holbrook wurden komplett renoviert. Rufen Sie vorher an, die Wigwams sind nicht durchgängig zu mieten.

Westlich von Holbrook fahren Sie zurück auf die Interstate. Dies war einmal ein ziemlich touristischer Abschnitt der alten Route 66, und ein paar Überreste, wie der »Geronimo's Trading Post«, haben bis heute überlebt. Vielleicht können Sie ja auf die Sandgemälde verzichten, aber können Sie wirklich ohne einen Tomahawk aus Gummi nach Hause zurückkehren? Es gab ein paar wirklich hübsche Souvenir-Geschäfte an der alten Route in **Joseph City,** westlich des Business Loop 40. Doch die Gebäude stehen heute leider leer oder sind zu Ruinen verfallen. Der »Jackrabbit Trading Post« hat durchgehalten. All die schwarz-gelben Schilder mit dem kauernden Hasen, die Sie die ganze Zeit gesehen haben... Nun, HERE IT IS!

Wenn Sie Richtung **Winslow** fahren, achten Sie auf die Hibbard Road (Ausfahrt 264). Dort beginnt ein bezaubernder Teil der alten, alten Route 66 — ein wunderbarer Abschnitt zum Fotografieren wie auch zum Fahren, mit einer Reihe alter verwitterter Telegrafenmasten. Mutig erstreckt sich die Straße mitten hinein in die Wüste. Dieser kleine Überrest der alten Route vermittelt ein starkes Gefühl davon, wie es wohl in den 30er und 40er Jahren gewesen sein muß, eine große Überlandfahrt wie diese zu wagen. Vorsicht, dieser Abschnitt wurde nicht besonders gut instand gehalten.

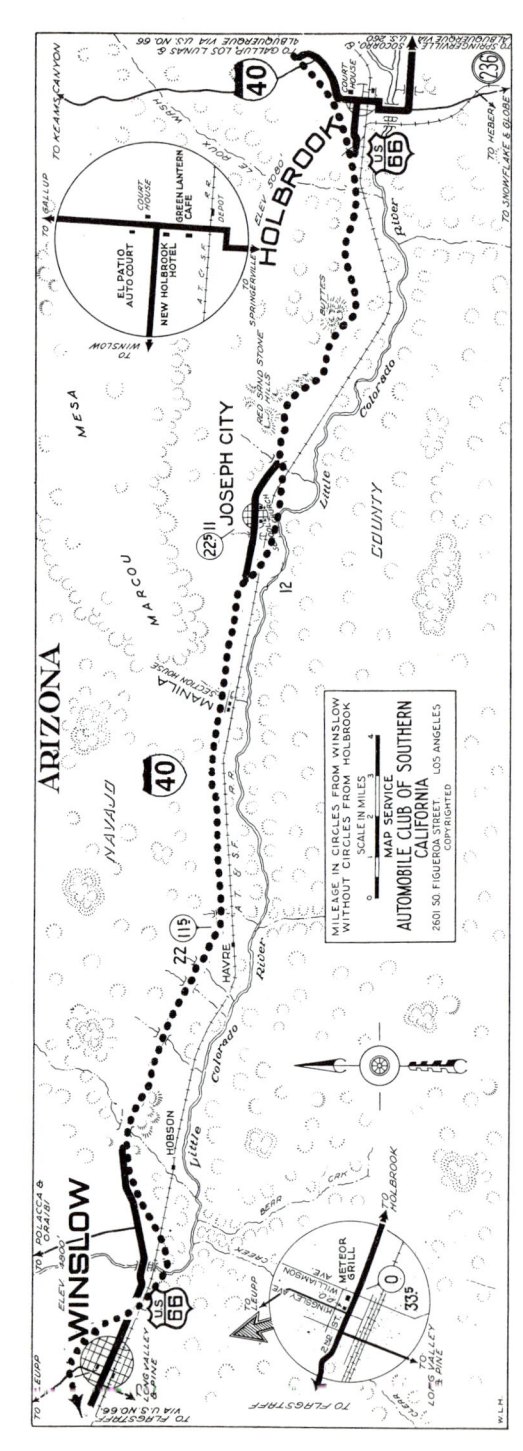

Die Region im Westen von New Mexico und im Osten von Arizona, die im Amerikanischen »High Desert«, die hochgelegene Wüste, genannt wird, strahlt eine Magie aus, die einen schwindlig macht vor Einsamkeit. Und manchmal am Ende eines langen Tages, nach einer langen Fahrt, spürt man in diesem Land die Bedeutung des Wortes Sehnsucht stärker als je zuvor.

Die Wüste ist ein unwirtlicher Ort — das ist ihre Natur. Doch hier auf der alten, alten Route 66 werden die Gefühle auch auf eine Weise berührt wie nirgendwo anders. Wenn Sie ein Kassettengerät haben und eine Sammlung von Reise-Aufnahmen, spielen Sie ein paar der Songs, die Ihnen andere Stimmen, andere Zeiten zurückbringen — die Sie vielleicht an eine verflossene Liebe erinnern. Diese Grenzregion ist wirklich ganz einzigartig. Ob Sie nun die alte Straße entlangschlendern oder die Interstate entlanggleiten, dies hier ist eine Landschaft, in der Sie sich selbst deutlicher sehen und die Vergangenheit auf eine wunderbare Weise hören können.

Folgen Sie dem Business Loop 40 in die Stadt. Die Second Street Richtung Osten ist die bekanntere der alten Route-66-Strecken durch Winslow, doch seit es hier Einbahnstraßen gibt, sind beide derzeitigen Routen Teil der US 66.

Wie viele andere Orte entlang der Route 66, hat Winslow als Pioniers-Stadt, Handelszentrum und Touristen-Stopp eine reiche Vergangenheit. Doch der Stadt fällt es nicht leicht, dieses Erbe auf eine Weise zu würdigen, die sowohl kulturell als auch wirtschaftlich Sinn macht. Der legendäre »Store for Men«, in der ganzen Welt bekannt wegen seiner Schilder am Straßenrand, schloß erst kürzlich. Kaum eine Stimme der Trauer war zu hören. Und das fantastische »Posada«, einst ein Juwel unter den »Fred Harvey«-Eisenbahn-Hotels, wird wohl kaum überleben. Kultur spielt in Winslow und in Amerika hinter kleingeistiger Politik zu oft die zweite Geige.

Trotz eines ziellosen und schlecht organisierten Touristen-Programms gibt es zwei Sehenswürdigkeiten, derentwegen sich ein Stopp in Winslow lohnt. Eine davon ist das »Falcon Restaurant«, das bereits seit 35 Jahren an der Route 66 gutes Essen und guten Service bietet. Sie finden es am Ostende der Stadt, gegenüber einer Chevrolet-Autohandlung, vor der immer noch das Original-Schild von 1927 hängt. Der Besitzer des Falcon verfügt über eine Erfolgsstory ganz eigener Art: ein guter Geschäftsmann, doch mit warmem Herzen und immer einem Lachen und einem guten Wort für Fremde, die auf dem alten Highway reisen. Sagen Sie hier auf jeden Fall mal Hallo.

Nachdem Sie gut gegessen und das Chevy-Schild fotografiert haben, sollten Sie zum »Old Trails Museum« an der Kinsely zwischen der Second und Third Street fahren. In einem Bankgebäude aus dem Jahre 1916 unterhält die örtliche »Historical Society« ein toll organisiertes Museum, das ein Pluspunkt für die Gemeinde ist. Ausstellungen über die Zeit der Indianer, der Pionier-Familien, der großen Eisenbahnen und über die Glanzzeiten der Route 66 sind hier bestens vertreten. Nehmen Sie sich also ein wenig Zeit – und wenn Sie Schriftsteller oder Journalist sind, ist dies hier ein prima Ort, um interessante Geschichten zu sammeln.

Fahren Sie auf der I-40 weiter bis zur Ausfahrt zum Meteor Crater, oder fahren Sie weiter bis **Two Guns**, wo Sie unbedingt einen Stopp einlegen sollten. Hier finden Sie den Diablo Canyon und einen Abschnitt der Route 66, der so alt ist, daß man kaum noch erkennen kann, daß er jemals befestigt war.

Für einen Dollar etwa führen die alten Knaben an der derzeitigen Tankstelle durch die Ruinen einer ehemali-

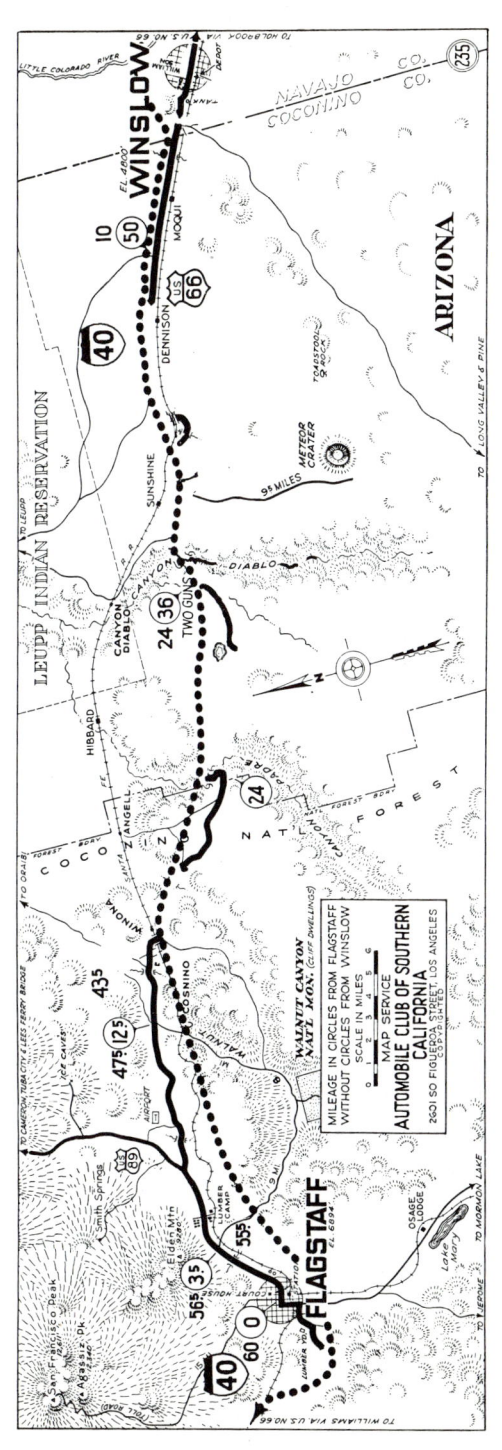

MAP SERVICE
AUTOMOBILE CLUB OF SOUTHERN
CALIFORNIA
2601 SO. FIGUEROA STREET, LOS ANGELES
COPYRIGHTED

MILEAGE IN CIRCLES FROM FLAGSTAFF
WITHOUT CIRCLES FROM WINSLOW
SCALE IN MILES

gen Raststätte und eines Miniaturzoos, in dem, und das ist traurig, einst lebende eingesperrte Berg-Löwen zur Schau gestellt wurden. Wenn Sie vorsichtig durch die Ruinen gehen, können Sie hier immer noch das Fenster und den Eingang finden, an dem man die Billets für den Besuch in dieser alten Touristenattraktion kaufen konnte. Es gibt so viele Geister hier, daß selbst neuerer Abfall so wirkt, als habe er die Patina vieler Jahre.

Wenn Sie es schaffen, sollten Sie dieses alte Relikt unbedingt bei Sonnenuntergang oder bei Tagesanbruch besuchen, wenn die Schatten tief sind und man den Wind durch die Schluchten pfeifen hören kann. Es gibt kaum einen anderen Punkt entlang der alten Route 66, der eine ähnliche Atmosphäre verbreitet wie die Ruinen von Two Guns. Ein perfekter Ort, um der Vergangenheit zu salutieren. Und eine letzte Möglichkeit, einer alten Institution der amerikanischen Straße im Westen Lebewohl zu sagen.

Schilder für eine »letzte Möglichkeit«, oft unbeholfen von Hand gemalt, erzählten die ganze Geschichte in ein paar wenigen Worten. In einer Zeit, in der weder die Reisenden noch die Einheimischen viel lasen, waren kurze Texte gute Texte:

OFFENE WÜSTE ... LETZTE TANK-MÖGLICHKEIT UND KLAPPERSCHLANGEN-RANCH ... KEIN WASSER – 150 MEILEN ... LETZTE CHANCE ZUM TANKEN .... KALTE GETRÄNKE ... ACHTEN SIE AUF ZWEIKÖPFIGE KLAPPERSCHLANGEN ... LEHRREICH ... AUFREGEND ... LETZTE MÖGLICHKEIT ... KLAPPERSCHLANGEN HIER ABBIEGEN ...

Ein letztes Schild, oft in einiger Entfernung von diesen »Letzte-Möglichkeit-Unternehmen«, zeigte oft nur einen Totenkopf und zwei gekreuzte Knochen – der Rest blieb der Fantasie überlassen.

Wahrscheinlich bekamen nicht einmal die Hälfte al-

ler Kinder, die auf den Rücksitzen saßen, diese ange-
priesenen Sensationen je zu sehen. Und das ist vielleicht auch gut so. Auf diese Weise erinnern sich die
meisten von uns eher an das, was diese alte Touristen-
fallen versprachen, als an das, was sie wirklich waren.

Wenn Sie weiter Richtung **Flagstaff** fahren, beherzi-
gen Sie den Rat von Bobby Troup und »don't forget **Winona**«. Das Städtchen fällt kaum ins Auge, aber die
Leute in dem kleinen Trading Post sind freundlich und
hilfsbereit. Winona ist auch das Tor zu einer wunder-
schönen Fahrt entlang der alten Straße, die heute wieder bis Flagstaff gut asphaltiert ist. Nehmen Sie die
Ausfahrt Camp Townsend/Winona, fahren Sie weiter
bis zur Kreuzung mit der US 89 und biegen Sie nach
Süden in Richtung Stadt ab.

Wenn Sie einen kleinen Ausflug zum Grand Canyon
planen, sollten Sie an der US 89 nach Norden abbiegen. Von den beiden Routen zum Nord- oder Südrand
ist die Fahrt auf der US 89 nach Norden und auf der
State Road 64 Richtung Westen die interessantere.
Wenn Sie zuerst in Flagstaff vorbeischauen wollen,
nehmen Sie die US 180 Richtung Norden zum **Grand
Canyon Village.** Wenn Sie am Südrand sind, sollten
Sie sich genügend Zeit für eine Mahlzeit im »El Tovar«
nehmen, einer großartigen alten Lodge am Rande des
Cañons, die ihnen viel von vergangenen Tagen berich-
ten kann. Mit dem »Hopi House«, gleich nebenan,
riecht der ganze Ort nach Müsli zum Frühstück und
nach täglicher körperlicher Ertüchtigung. Es ist pfun-
dig. Planen Sie jedoch rechtzeitig — Reservierungen
sind das ganze Jahr über schwer zu bekommen.

Wenn Sie dieses Mal nicht am Grand Canyon vorbeischauen wollen, aber einen Tag Zeit haben, um die
Gegend zu erkunden, dann folgen Sie der US 89A, eine wunderhübsche Strecke Richtung Südwesten durch
Oak Creek Canyon und **Sedona.** Fahren Sie auf der

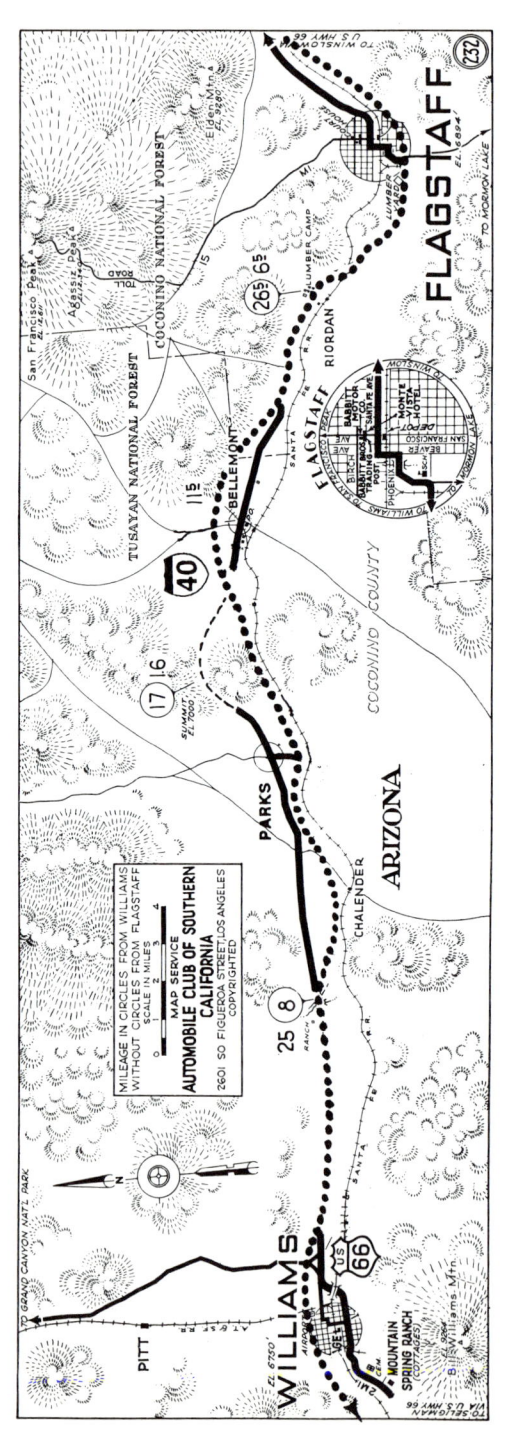

State Road 179 nach Süden, und nehmen Sie sich ein paar Stunden Zeit in der Nähe des ungewöhnlichen Kliffs bei »Montezuma's Castle«, einer frühen Route-66-Attraktion, die sich nur wenig verändert hat. Von **Camp Verde** kehren Sie über **Cottonwood** auf die US 89 zurück. Fahren Sie nach Norden durch Chino Valley bis zur I-40, nicht weit östlich von **Ash Fork**. Egal ob Sie die US 89 nach Norden oder die US 89A nach Süden nehmen, Sie verpassen nur wenig von der alten Route.

Flagstaff ist eine bunte Mischung aus alten Route-66-Klassikern und neuen Gebäuden. Doch Flagstaffs Motelzeile und viele der Geschäfte haben immer noch eine Menge von der Atmosphäre der alten Straße — wie die Santa-Fe-Güterzüge, deren Grollen und Rattern Sie in Ihrem Motel die ganze Nacht über hören können.

Einen Block westlich des alten Eisenbahndepots biegen Sie von der Santa Fe Avenue auf die Beaver Street ab, an der Phoenix Avenue wieder nach Westen und an der Milton Road (US 89) Richtung Süden.

Wenn Sie durch die Stadt fahren, stellen Sie sich vor, wie Flagstaff heute aussehen würde, wenn die Stadt die Filmhauptstadt der Welt geworden wäre. Denn beinahe wäre das wirklich so gekommen. Ein paar Jahre, bevor die Route 66 in Betrieb ging, fuhr ein talentierter und extrem ehrgeiziger junger Mann mit der Atchison, Topeka & Santa Fe-Eisenbahn nach Westen. In seiner Manteltasche hatte er ein neues Drehbuch, und vor seinem geistigen Auge konnte er bereits sehen, wie er jedes Detail realisierte — im wirklichen Westen, mit wirklichen Cowboys und Indianern, unter freiem Himmel. Entnervt von den Studios auf Long Island, wo niemand einen Kaktus von einer Blechdose unterscheiden konnte, war sich der junge Mann nach seiner Lektüre von Zane Grey sicher, daß Flagstaff der

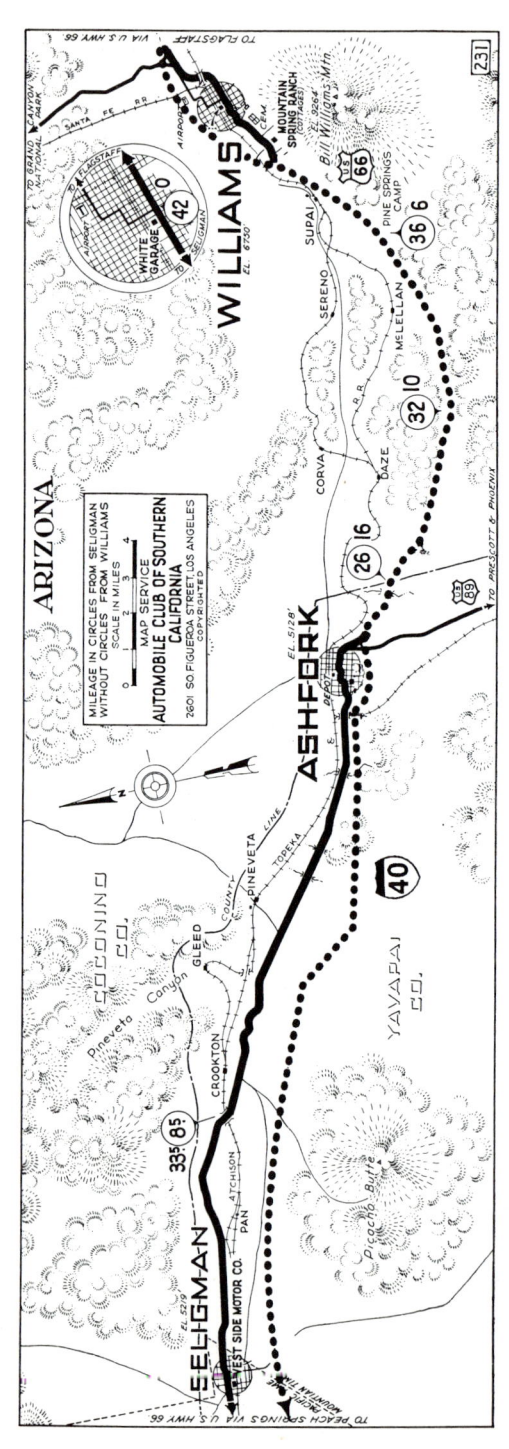

ARIZONA

WILLIAMS

ASHFORK

SELIGMAN

COCONINO CO.

YAVAPAI CO.

MAP SERVICE
AUTOMOBILE CLUB OF SOUTHERN
CALIFORNIA
2601 SO. FIGUEROA STREET, LOS ANGELES
COPYRIGHTED

MILEAGE IN CIRCLES FROM SELIGMAN
WITHOUT CIRCLES FROM WILLIAMS
SCALE IN MILES
0   1   2   3   4

perfekte Ort für seine Pläne war. Der Film, den er hier drehen würde, sollte großartig, hinreißend und wunderbar werden – ein *Epos*.

Der Film wäre allerdings auch ein Unwetter geworden, wenn er je in Flagstaff gedreht worden wäre, wo große schwere Schneeflocken sanft in den eisigen Matsch auf dem Bahnsteig fielen, als der Zug in den Bahnhof einlief. Doch für den jungen Cecil B. DeMille war ein Blick genug. Er verließ seinen Pullman-Waggon nicht für einen Augenblick, sondern fuhr geradewegs nach Los Angeles, wo er mit normalen »Drugstore«-Cowboys *Squaw Man* (1914) drehte, den ersten langen Kinofilm. Doch der Schneesturm von Flagstaff muß einen tiefen Eindruck hinterlassen haben, denn bis hin zu seinen monumentalen biblischen Filmen tauchte bei DeMille immer wieder das Motiv unkontrollierbarer Naturgewalten auf. Und Wasser – jede Menge Wasser.

Von Flagstaff nach Needles

Fahren Sie weiter auf der I-40. Auf der Südseite der Interstate in der Nähe von **Bellemont** finden Sie ein kurzes Stück des alten Highways, doch ist die Fahrbahndecke sehr schlecht. Außerdem endet dieses Stück nach ein paar Meilen in einer Sackgasse. Für eine hübsche Fahrt auf der alten Strecke durch einen Wald sollten Sie die Interstate an der Parks Road (Ausfahrt 178) Richtung Norden verlassen, am nächsten Stoppschild biegen Sie nach Westen ab. An der Deer Farm Road zurück auf die Interstate. Als Business Loop führt die alte Route durch **Williams**. Der U. S. Forest Service hat hier interessante Touren zusammengestellt (eine davon für Mountainbikes), die zum Teil über Abschnitte der alten Route 66 führen, die hier unter Denkmalschutz

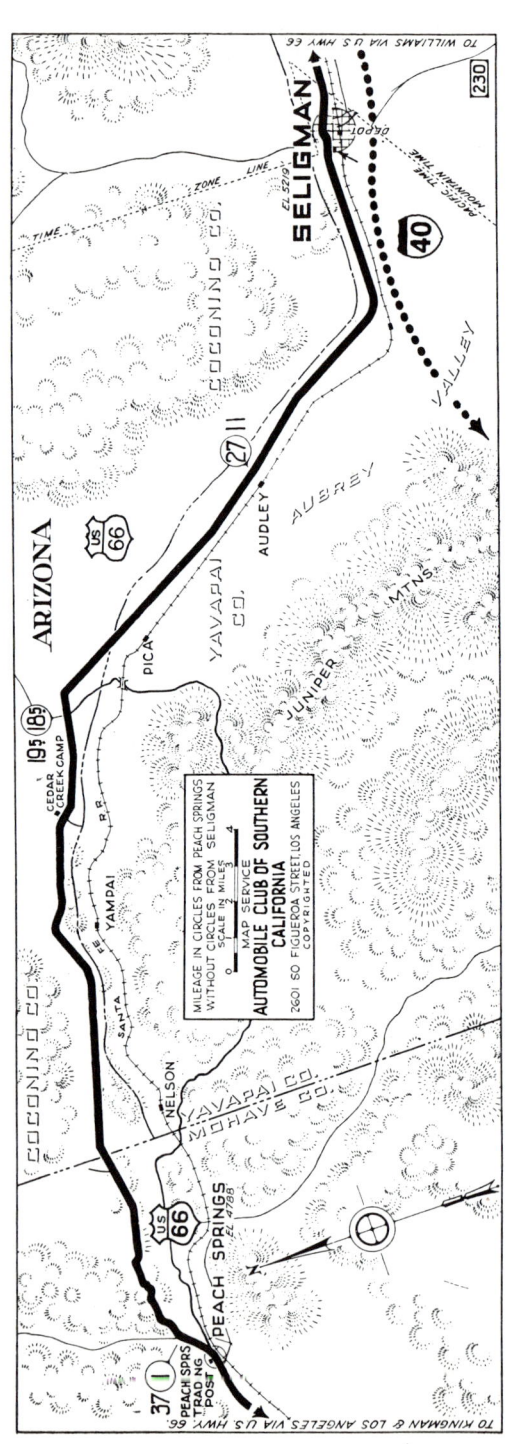

steht. Echte »Roadies« sollten sich im Chalender-District-Büro in Williams eine Broschüre holen.

Die lange Schleife hin zum Colorado River beginnt an der Ausfahrt Crookton Road und führt Richtung Seligman, einem der ersten Orte, die die Wiederbelebung der Route 66 nach allen Kräften unterstützt haben. In **Seligman** sollten Sie eine Broschüre über diesen 160 Meilen langen Abschnitt der Route 66 mitnehmen, der von der »Historic Route 66 Association of Arizona« herausgegeben wird.

Einige Meilen weiter werden Sie die »Grand Canyon Caverns« entdecken, wahrscheinlich die einzige Sehenswürdigkeit ihrer Art im Westen, die so weit von einer Interstate-Ausfahrt entfernt überlebt hat. Es ist eine interessante Tour, und wie in den Höhlen von Missouri und New Mexico hat die Zeit hier wenig verändert. Weiter geht es nach **Peach Springs** und zum Crozier Canyon, wo bis in die späten 30er Jahre letzte unbefestigte Abschnitte der Route 66 existierten. In **Truxton** sollten Sie im »Frontier Cafe« haltmachen. Der Kaffee ist gut, die Küche gehört zu den besten entlang der Route – und die Geschichten sind umsonst.

Schließlich werden Sie am Ende einer 20-Meilen-Geraden **Kingman** sehen. Nach Sonnenuntergang ist diese Fahrt wie ein langer Landeanflug. An der Andy Devine Avenue kann man ein paar alte Route-66-Klassiker wie das »El Trovatore« und das »Brandin'Iron Motel« finden, auf dessen flackerndem Neon-Schild gewöhnlich nur BRA IN zu lesen ist. Etwas weiter sehen Sie das alte Santa Fe Depot, das in einer Art Texas-Barock-Stil gebaut wurde und immer noch auf seine Restaurierung wartet. Zwischendrin liegt rechts eine Pizzeria mit dem Namen »Angel's«. Wenn Sie Kneipen mögen und immer auf der Suche nach einer besonders guten Mahlzeit in einer urigen Kneipe sind – dann ist Angel's genau das richtige für Sie.

Die örtliche historische Gesellschaft hat eine Mini-Tour entlang der interessanteren Gebäude von Kingman zusammengestellt und unterhält auch ein hübsches kleines Museum am westlichen Ende der Stadt. Wenn Ihr Hunger auf Geschichte besonders groß ist, nehmen Sie sich ein wenig Zeit, und schauen Sie sich die alten Wagen-Spuren unten an den White Cliffs an. Einen kleinen Informationsprospekt gibt es im Museum.

Wenn Sie Kingman verlassen, fahren Sie auf der alten Route durch einen tiefen Einschnitt zur **McConnico**-Unterführung. Am Stoppschild biegen Sie nach Westen ab, fahren unter der Interstate durch und folgen der Oatman Road — der letzte und beste Teil des westlichen Arizona-Abschnitts der alten Route 66 liegt nun vor Ihnen.

Seien Sie jedoch vorgewarnt. Wenn Sie ein Flachländer sind oder einen Wohnwagen schleppen, der sich wie ein Zeppelin im Sturm bewegt, sollten Sie lieber die Interstate nehmen und ihre Fahrt auf der alten Route 66 in Needles fortsetzen. Ansonsten können Sie, vorausgesetzt Sie sind vorsichtig, weiterfahren.

Wenn Sie bislang in erster Linie auf der Interstate gefahren sind, wird es Sie überraschen, wie schnell die Spuren der Zivilisation verblassen, wenn Sie einmal aus der Stadt herausgefahren sind. Es gibt wirkliche Anfänge und Enden hier an der alten Route 66, und man fühlt sich hier wirklich allein, abhängig vom Fahrzeug und der Straße selbst, die einen sicher ans Ziel bringen soll. Entlang dieses Abschnitts kann man nachempfinden, wie ein solcher Trip wohl für die Reisenden vor vierzig oder fünfzig Jahren war. Wenn Sie weiter in die Wüste vordringen, beginnt sich ein primitiverer Teil Ihres Gehirns zu rühren. Sie werden entdecken, daß Sie genauer auf das Geräusch des Motors achten, Ihre Kontroll-Anzeigen häufiger prüfen und mit den Händen am Lenkrad jede Unebenheit in der Fahrbahn spüren. Wenn Sie **Cool Springs Camp** (das heute nur noch eine Geisterstadt ist) erreichen, dann haben Sie einige Töne in der Mechanik ihres Autos wahrgenommen, die Sie nie zuvor gehört haben. Es ist lustig, wie rauh selbst die perfektesten Maschinen hier draußen klingen können.

Bis zu dem Punkt, wo die Steigung ernsthaft beginnt, wird Ihre einzige Sorge ein vereinzelter Hase oder ein »Roadrunner« sein, die Verkehr schon seit langem nicht mehr gewöhnt sind. Doch bald können Sie sich auf andere Weggefährten gefaßt machen. Wilde Esel, die die Goldgräber vor langer Zeit mitgebracht und freigelassen haben, leben hier zu Tausenden. Sie fügen sich optisch so gut in die Wüstenlandschaft ein, daß sie schwierig auszumachen sind, bevor sie auf die Straße getrottet kommen, um einen zu inspizieren. Durch ein Gesetz geschützt, sind die Esel auch nicht schüchtern. Und wenn Sie für einen Augenblick an den Straßenrand fahren, um die Aussicht zu genießen, dann können Sie vielleicht hören, wie die Esel sich gegenseitig rufen – und vielleicht sogar Ihre Ankunft ankündigen. Denn die wilden Burros sind geborene Bettler, mit einer Vorliebe für »Junk-Food«. Natürlich wissen sie, daß wir Menschen das immer bei uns haben.

Dieses Segment der alten Route 66 ist für Achterbahn-Fans wie eine Freikarte. Und wenn Sie sich selbst für so etwas wie einen Gebirgsfahrer halten, dann ist die Strecke über den Sitgreave Pass nach Oatman genau das, worauf Sie immer gewartet haben.

Stellen Sie sich eine alpine Straße inmitten der amerikanischen Wüste vor. Statt schwarzem Eis und verrückten italienischen Busfahrern haben Sie es hier mit Rollsplit am Fahrbahnrand, mit Steine-Sammlern in Vierradantrieben und gelegentlich einer Gruppe von Motorradfahrern auf Choppern zu tun. Dennoch – es

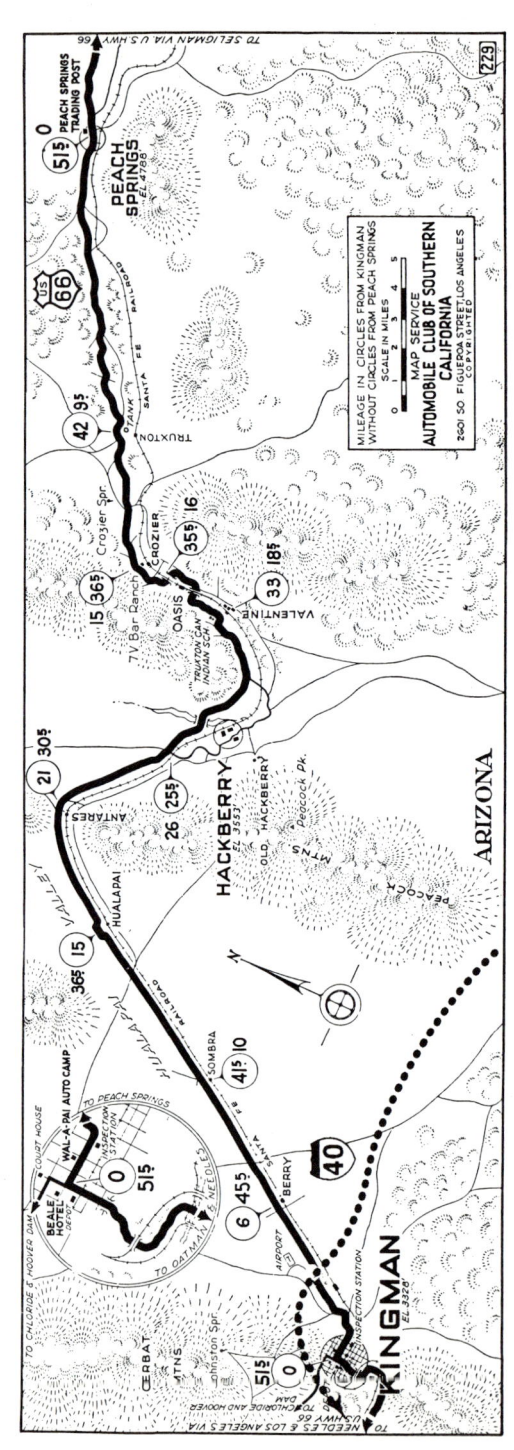

heißt oft, daß die Oberfläche der Fahrbahn, die Kurven, Steigungen und Gefälle eine Miniversion der legendären Stelvio-Strecke sind.

Früher, als Autos und LKWs selbst im ersten Gang wenig Zugkraft hatten, war der Rückwärtsgang die einzige Möglichkeit, die 1200 Meter Steigung von Oatman in östlicher Richtung zu schaffen. Ein Handwerk, das von den Einheimischen so perfekt gemeistert wurde, daß sie mit Vollgas, die Augen auf den Rückspiegel geheftet und einen Arm lässig aus dem Seitenfenster hängend, die Steigung hinaufbrausten. Wenn Sie also diese wunderbaren alten Berg- und Talfahrten entlangfahren, stellen Sie sich vor, wie Städter von der Ostküste sich wohl gefühlt haben, wenn sie auf eine nicht einsehbare, überhängende Kurve zusteuerten, nur um hier plötzlich auf einen verrückten Einheimischen zu treffen, der mit Vollgas den Berg *rückwärts* hinauffuhr. Wäschereien am Fuße des Berges müssen damals ein Riesengeschäft gemacht haben.

Im Moment liegt die Berg- und Talfahrt noch vor Ihnen; fahren Sie weiter bis zu **Ed's Camp,** ein paar Meilen vor dem Sitgreaves Paß. Wie Sie schnell herausfinden werden, ist Ed's mehr als nur eine normale Station für den überhitzten und überfressenen Reisenden. Ed's Camp ist außerdem ein Wüstenflohmarkt, mit allerhand sammelwürdigem Schrott für solche, die noch ein wenig Platz im Kofferraum machen können.

Auf der anderen Seite der Bergspitze werden Sie die Überreste von **Goldroad** entdecken. Es gibt hier nur noch ein paar Adobe-Mauern und Steinfundamente. Die Besitzer beschlossen, Steuern zu sparen, indem sie die Stadt auf die Grundmauern niederbrannten. Soviel zum architektonischen und kulturellen Erbe.

Die gesamte Gegend war von Goldgräbern schon ziemlich umgegraben worden, als ein Mann namens Jos Jerez eine riesige neue Ader entdeckte. Die Stadt

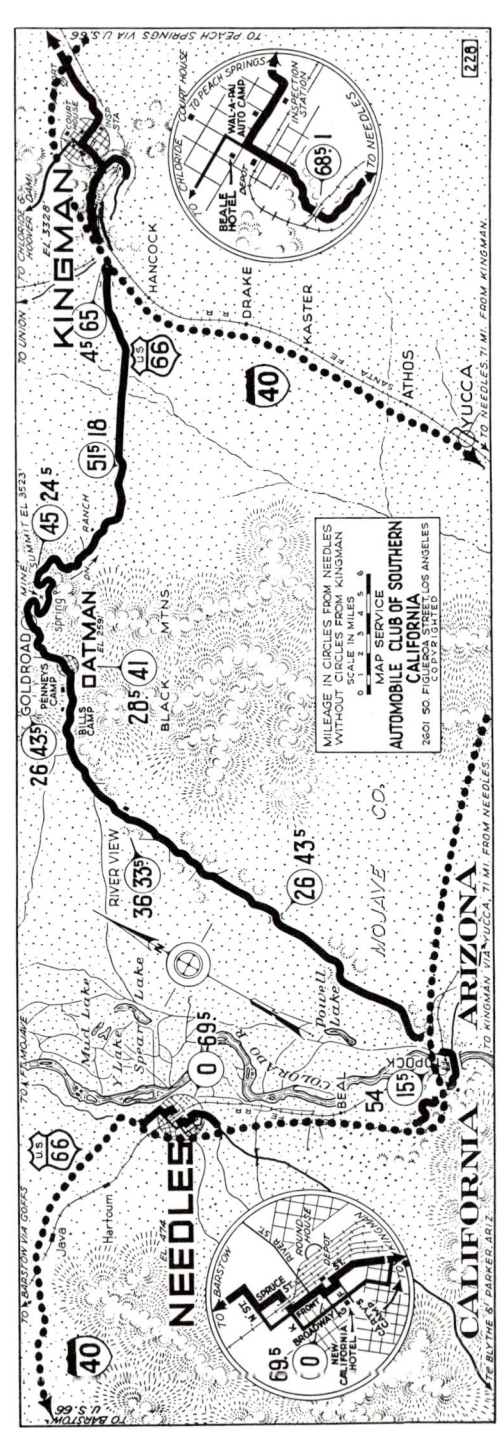

florierte wieder, und alle machten Geld mit dem Fund. Jeder — nur nicht Jos, der seinen kleinen Anteil ausgab, eines Nachts hinaus auf die Straße lief, sich an den Straßenrand setzte und eine Flasche Rattengift in sich hineinkippte. *C'est la prospérité.*

Die Hauptstraße unten in **Oatman,** ein paar Meilen nach den letzten engen Achterbahnkurven, ist eine kuriose Mischung von revolverschwingenden Einheimischen, händchenhaltenden Teenagern und kamerabesessenen Touristen und natürlich den allgegenwärtigen Burros, die beim täglichen Spiel mit den Touristen gerne mitmachen. Nehmen Sie sich ein wenig Zeit, die Atmosphäre zu erkunden. Dieser Ort, pleite oder mal gerade wohlhabend, hat sich immer seine Eigenart bewahrt. Und schauen Sie sich in jedem Fall das Oatman Hotel an. Das Hotel steht unter Denkmalschutz und ist bekannt als Hochzeitsnacht-Versteck von Clark Gable und Carole Lombard.

Bevor Sie Oatman verlassen, sollten Sie sich nach dem Straßenzustand südlich von **Topock** erkundigen. Die Schlaglöcher auf diesem Abschnitt können geradezu lebensgefährlich sein. Wenn die Straße also nicht kürzlich asphaltiert wurde, sollten Sie hinter der Stadt an der Gabelung geradewegs Richtung Westen fahren, auf die State Road 95 nach Süden abbiegen und über eine Brücke »durch die Hintertür« nach Needles fahren. Oder Sie fahren Richtung Süden nach Topock und wieder auf die I-40 nach Westen und nach Kalifornien. Wenn Sie zufälligerweise im Sommer hier sind, dann können Sie sicher verstehen, warum die Joads in den Colorado River wateten und nach diesem Teil der Strecke einfach erst einmal im Wasser stehenblieben. Die Straße von Oatman nach Topock ist so brutal, wie eine Straße nur sein kann.

Kalifornien

Die Fahrt nach Kalifornien ist nicht mehr das Abenteuer, das sie einmal war, aber sie hat auch ihren Schrecken verloren.

Damals, in den Tagen des Dust Bowl, standen Barrikaden draußen auf der Straße. Und bewaffnete Männer – meist aus der Bevölkerung rekrutiert, viele jedoch aus den übelsten Saloons entlang des Highways angeheuert. Männer, die jeden beschimpften, den sie nicht kannten, auf alles schossen, was sich bewegte, und auf jeden einprügelten, der es wagte, sich zu wehren. Klar, Kalifornien war entsetzt. In Angst und Schrecken davor, daß dieser aufgewühlte Haufen entdeckte, daß er eine Armee sein konnte. Eine Armee, die den ganzen Staat überwältigen konnte, wenn sie nur wollte. Und gerade hier an der Grenze zeigte sich die Angst am meisten.

Ein Mann mit einem Sam-Browne-Gürtel und schweren Stiefeln schaute auf eine lange Schlange überladener und dampfender Klapperkisten. Starrte in den ersten Wagen. Musterte einen geduldigen, linkischen Mann hinter dem Lenkrad, das abgehärtete und faltige Gesicht seiner Frau und die erschrockenen Blicke der Kinder, deren Augen jetzt von der glänzenden Dienstmarke zu dem schwarzen Schlagstock wanderten, der ganz ruhig vor dem offenen Seitenfenster hing.

Wollt Ihr Leute über die Grenze? Dumme Frage. Warum stehen diese Menschen wohl den ganzen Tag in dieser Autokolonne, wenn sie nicht vorhatten, die Grenze zu überqueren? Doch Barrikaden und Gewehre sind Waffen von Menschen, die *selbst* ziemlich verzweifelt sind.

Habt Ihr Leute Geld? Mmh, und wieviel? Zeigt mal her. Das Geld wird hervorgeholt. Es ist nicht viel, selbst an Okie-Standards gemessen, aber es ist Geld. Ein wenig Wechselgeld, ein paar schweißgetränkte zusammengefaltete Banknoten aus einer Westentasche, die ausgeleiert ist von einer Uhr, die einmal hier ihren Platz hatte. Der Fahrer schaut heimlich über seine Schulter zur Familie im nächsten Wagen der Kolonne und fürchtet, daß er sie irgendwie aufhält.

Die Kinder werden näher inspiziert. Irgendwelche Anzeichen einer ansteckenden Krankheit? Irgendein Grund, den Wagen zurückzuschicken, an irgendeine andere Grenze? Aber es gibt keinen Grund. Der Mann mit der Dienstmarke tritt einen Schritt zurück, vielleicht weil er gerade an seine eigene Familie denken muß, und winkt den Wagen durch, ohne eine Miene zu verziehen.

Aber noch bevor er in den zweiten Gang geschaltet hat, kann der erlöste Fahrer im Rückspiegel sehen, wie der Wagen hinter ihm aus der Kolonne gewunken und zurückgeschickt wird. Nach Arizona oder irgendwo anders hin. Irgendwohin, nur nicht hier. Aus einem Grund. Aus irgendeinem Grund...

Natürlich hat sich seither alles verändert. Es scheint wenigstens so. Selbst die landwirtschaftliche Inspektionsstation wurde vor ein paar Jahren verlegt. Nach Kalifornien zu fahren ist heute kein Problem mehr, vorausgesetzt Sie sind kein Apfel-Esser oder Kaktus-Sammler. Und — der Gleichberechtigung sei es gedankt — einige der Inspektoren sind mehr als freundlich, sie sind geradezu reizend. Eine hübsche Note. Ein wenig Glanz weit draußen in der Wüste.

Für die wenigsten Reisenden ist die Wüste das *wirkliche* Kalifornien, jedenfalls nicht das Kalifornien der lockeren Surfer, der mit Stahlpolstern geschützten Skateboardfahrer und der hinreißenden Beach Bunnies. Dieses Kalifornien liegt noch weit im Westen. Die Wüste hier ist ein unwirtlicher und harter Ort. Ein Ort, an dem der gut bewässerte kalifornische Traum noch keine Spuren hinterlassen hat. Das andere Kalifornien ist näher am Meer, wo das Leben leicht ist und weder Autos noch Menschen altern.

Während eines traditionellen Picknicks in Los Angeles soll ein Einwanderer aus Iowa einmal gesagt haben, daß Kalifornien ein verrücktes Land sei. Vielleicht ist das so. Vielleicht werden all die Menschen aus Iowa hier draußen gefangengehalten, und niemand weiß davon. Vielleicht hat sich — wie jemand einmal gesagt hat — der Kontinent auch geneigt, und alles, was nicht ordentlich festgemacht wurde, rutscht nun mitten hinein nach Südkalifornien. Wenn das stimmt, dann ist eine herrliche Mischung dabei herausgekommen.

Seien Sie willkommen in Kalifornien. Die geistige Heimat von Händels *Messias* als Mitsing-Veranstaltung. Geburtsstaat des Rechtsabbiegens bei Rot.

Es ist ein interessantes Land.

Von Needles nach San Bernardino

Reisende, die regelmäßig durch die Wüste fahren, glauben, daß **Needles** seinen Namen von der stechenden Hitze hat, die hier herrscht. Dem ist jedoch nicht so. Die Stadt hat ihren Namen von den spitzgezackten Bergen im Süden — die man hinter der anmutigen silberglänzenden Spann-Brücke sehen kann, die über den Colorado-River führt. Über dieselbe Brücke übrigens verlief einmal die Route 66. Heute dient sie als Unterstützung für Pipelines. Seien Sie sich im klaren darüber, daß westlich von Needles eine mehr als hundert Meilen weite offene Wüste beginnt. Bis Barstow

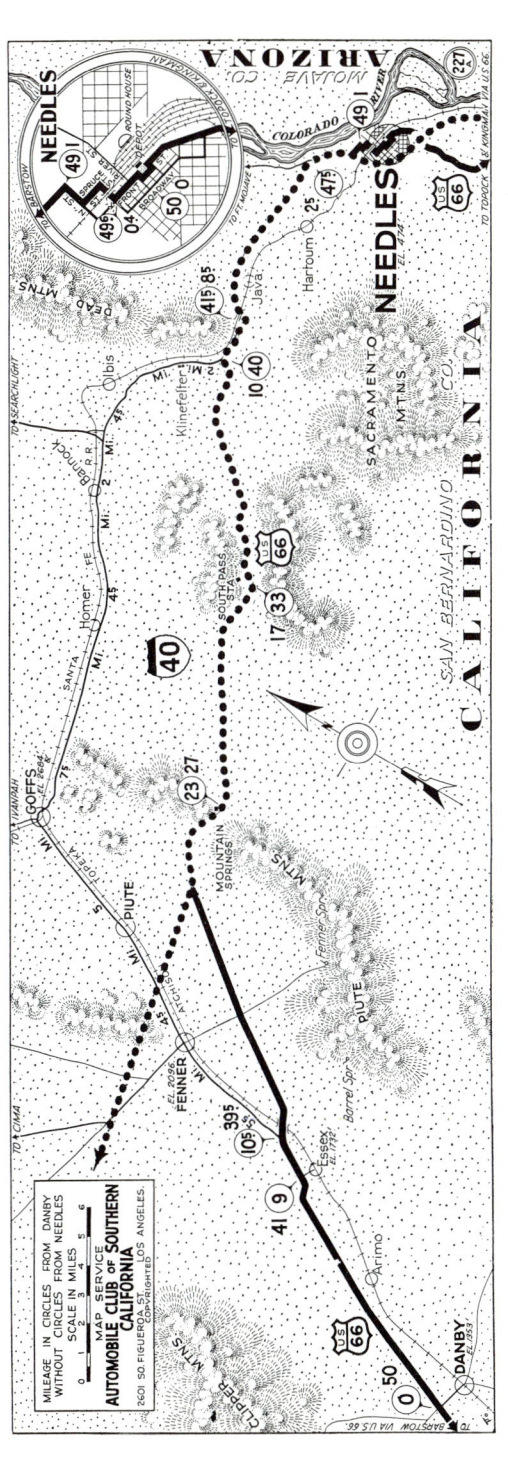

gibt es nur vereinzelte Tankstellen. Sie sollten also, bevor Sie sich auf den Weg hinaus machen, nach den Flüssigkeiten Ihres Wagens schauen – und auch nach Ihren eigenen.

Für einen Trip auf der Route 66 durch Needles müssen Sie, nachdem Sie den Fluß überquert haben, die dritte Ausfahrt (US 95) Richtung Norden nehmen. Dann fahren Sie auf dem Broadway durch die Stadt. Achten Sie auf das »66 Motel« und das »Palm Motel« und das einstmals prächtige »El Garces«, ein ehemaliges Fred-Harvey-Hotel, das heute nur noch ein Anhängsel des Amtrak-Bahnhofes ist. Für ein Frühstück empfiehlt sich das »Hungry Bear Restaurant« in der Nähe der Travellodge am westlichen Ende der Stadt. Hausgemachte Biskuits und Soße sind hier die Spezialität; die Einheimischen lieben das Restaurant.

Hinter Needles müssen Sie auf die I-40 zurück. Verlassen Sie die Interstate an der Ausfahrt zur US 95 für einen 40 Meilen langen Abschnitt der alten Route, die bis 1931 durch **Goffs** führte. Goffs, ein interessanter, bärbeißiger Wüstenort, eine überlebende Stadt, die für sich selbst spricht – einer dieser Orte, die einfach nicht unterzukriegen sind. Weil die Temperaturen hier oft fast zehn Grad niedriger sind als in Needles, war Goffs einmal ein regelrechter kleiner Sommer-Ferienort. Heutzutage, wo es Klimaanlagen in der ganzen Wüste gibt, macht das kleine Dorf eben irgendwie weiter. Ein guter Ort für eine Cola und einen Schnack.

Um auf der alten Route zu bleiben, müssen Sie in der Nähe von **Fenner** die I-40 überqueren. Hier fahren Sie auf einem Abschnitt, der ein Teil der legendären »National Old Trails« war – bevor daraus die Route 66 wurde. Lassen Sie Ihr Auto weiter Richtung **Essex** rollen, doch halten Sie die Augen auf. Nur ein paar Meilen hinter der Interstate-Ausfahrt, dort wo die Straße hinunterführt und sich nach rechts krümmt, können

Sie einen ersten Blick auf das werfen, was die Pioniere und die »Dust Bowl«-Familien erwartete. Versuchen Sie sich dieses Gefühl vorzustellen: nach einem schrecklichen Kampf die Steigungen westlich von Needles hinauf, nachdem sie glaubten, das Schlimmste überstanden zu haben, konnten diese Menschen plötzlich sehen, was sie noch erwartete.

Draußen hinter der flimmernden glasharten Wüste, die vor ihnen lag, war eine weitere Gebirgskette, Hunderte von Metern höher als die, die sie gerade überquerten. Und dahinter ein weiterer, noch höherer Gebirgszug. Bergspitzen, bis zu 3000 Meter hoch, manche von ihnen noch mit Schnee bedeckt. Vielleicht zittern Sie ein wenig bei dem Gedanken, wie es wohl weitergehen wird. Die meisten haben gezittert. Manche haben angesichts des scheinbar unendlichen Weges aufgegeben, ihre quietschenden Pferdewagen oder kochenden Autos angehalten und sind ohne ein Wort zu verlieren in der Wüste verschwunden. Es war kein gutes Ende. Aber es war ein Weg, alles zu Ende zu bringen, und das war der einzige Wunsch, den manche an diesem gnadenlosen Ort noch hatten. Nur ein Ende.

Richtung **Chambless** jedoch nimmt die Wüste eine ganz andere Bedeutung an. Vor etwa fünfzig Jahren bedeutete die Wüste nicht Tod, sondern eine Gelegenheit zum Überlebenstraining. Es war während des Zweiten Weltkrieges, Amerika erlebte gerade eine schlimme Zeit. General Erwin Rommel, Hitlers Wüstenfuchs, überrannte mit seinen Panzertruppen Nordafrika fast ohne Widerstand, um den ungehinderten Zugriff auf Öl zu sichern, den die Kriegsmaschinerie der Nazis benötigte. Die belagerten Briten jedenfalls brauchten Hilfe.

Und plötzlich war da General George S. Patton, der alte Haudegen höchstpersönlich. Patton war in diesem Teil Kaliforniens aufgewachsen und wußte, daß die Mojave-Wüste Nordafrika nicht nur ähnlich war, sondern sogar schlimmer sein konnte. Also schickte er jeden Panzer, jeden LKW, jedes Motorrad und Aufklärungsflugzeug, das er finden konnte, zum Dienst in sein Desert Training Center. Über zwei Millionen Männer wurden trainiert in den 10 000 Quadratmeilen Wüste, die Sie jetzt umgeben, zu überleben. Am Ende erfüllte die großartige Wüste ihren Zweck. Und Patton und sein zweites Corps fegten durch Nordafrika, als würden sie sich bestens auskennen – es gab keine Überraschungen, die ihnen die eigene Wüste nicht schon gezeigt hätte.

Heute ist die Mojave wieder ruhig, ein Ort für Reflexionen. **Amboy** ist ein idealer Ort dafür. Wenn »Roy's« geöffnet ist, schauen Sie rein, das Ambiente ist original 50er Jahre, und außerdem gibt es hier Geschichten aus den glorreichen Tagen der Route 66. Etwa eine Meile hinter Amboy und ein paar hundert Meter Richtung Süden liegt der Amboy Crater. Wenn Sie sich gerade jetzt ein bißchen die Füße vertreten wollen und niemals zuvor einen erloschenen Vulkan gesehen haben, der kurze Spaziergang den Kegel hinauf ist es sicherlich wert.

Auf halbem Weg von Amboy nach **Siberia** liegen die zugewachsenen Überreste von **Bagdad,** Inspiration für den Film *Bagdad Cafe (*in deutscher Fassung *Out of Rosenheim),* den Sie sich später vielleicht als Video ausleihen und ansehen wollen. Es ist eine wunderhübsche Geschichte über menschliche Beziehungen und darüber, welche Ausdauer und welches persönliche Verantwortungsgefühl nötig sind, um Selbstmitleid in Vertrauen und Liebe zu verwandeln. Wie im wirklichen Leben zeigen die Straße und die Wüste das wahre Wesen der Menschen. Die alte Route 66 bietet einen Weg hinein und wieder heraus. Jedem ist es über-

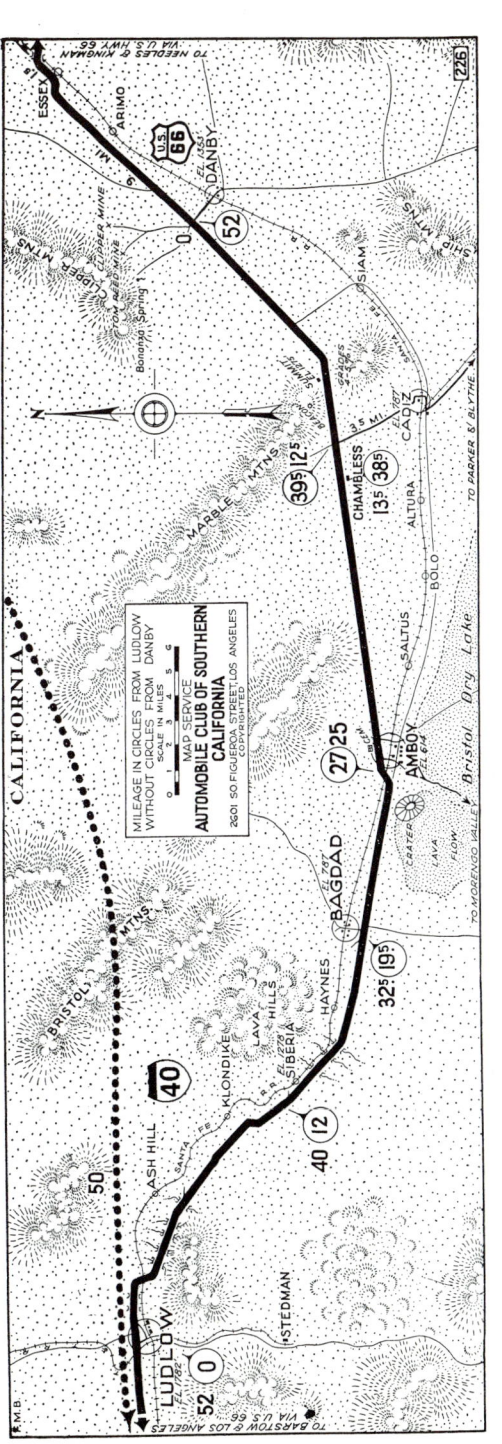

lassen, seine Richtung zu wählen. Der Film mag Ihnen gefallen, lustig wie er ist, vielleicht finden Sie ihn auch aufwühlend. Wie dem auch sein mag, diesen Abschnitt des Highways werden Sie so schnell nicht vergessen.

In **Ludlow** ist die alte Straße unterbrochen. Um auf der Route 66 weiterzufahren, müssen Sie unter der I-40 hindurch auf die andere Seite. Auf einer alten Service Road steuern Sie in westlicher Richtung, kreuzen dann die Interstate wieder und kommen bei **Lavic** kurz auf den alten Highway zurück bis **Newberry Springs.** Dort kreuzen Sie wieder zurück auf die Nordseite der I-40 und fahren weiter durch **Minneola** und **Coolwater.**

Daggett, heute eine alte Jungfer an der Eisenbahn-linie, war einmal ein wichtiger Umschlagplatz für Borax, das aus **Calico** im Norden kam. Die Bauunternehmer seinerzeit, fett und frech, waren begeistert, als sie hörten, daß die Santa-Fe-Eisenbahn einen bedeutenden Bahnhofkomplex in Daggett plante. Doch die Preise für Grund und Boden schossen bald so sehr in die Höhe, daß die entmutigten Manager der Santa-Fe-Eisenbahn ihren Bahnhof ein paar Meilen weiter in Waterman Junction bauten, das damals nicht einmal eine richtige Siedlung war. Später bekam der Ort den mittleren Namen von William Barstow Strong, der damals Präsident der Eisenbahn war. In der Innenstadt von Daggett gibt es heute nicht mehr viel mehr als einen gemütlichen Kolonialwarenladen und das »Stone Hotel«, das restauriert werden soll. Das alte Stone war ein Lieblingstreff von Death Valley Scotty, Tom Mix und Wallace Beery. Es ist allerdings nicht bekannt, ob sie hierher kamen, um zu tanken oder um auszunüchtern.

Westlich von Daggett führt die alte Route 66 durch das Depot des Marine Corps. Das östliche Tor ist allerdings nicht immer offen, fahren sie also am besten auf der Interstate nach **Barstow.** Die I-40 endet hier, und die I-15 übernimmt in Richtung San Bernardino.

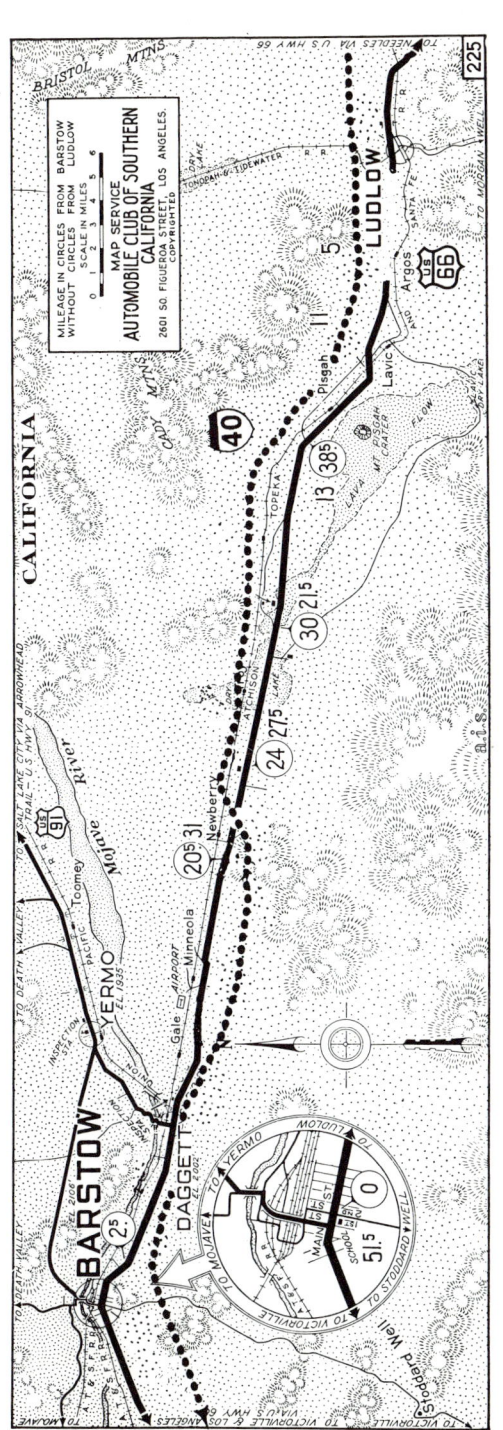

Die Route 66 durch Barstow heißt heute Main Street, nehmen Sie also diese Ausfahrt, und fahren Sie weiter nach Westen durch **Lenwood, Hodge, Helendale** und **Oro Grande.** Es ist eine angenehme, etwa 38 Meilen lange Fahrt über einen Highway, der bestens in Schuß ist. Die Landschaft ist unterschiedlich: »High Desert« und trockene Flußbetten wechseln sich ab. Hier haben Sie Zeit, über Geschäfte wie zum Beispiel das von »Honolulu Jim's« zu spekulieren, die diesen Teil der Route vor langer Zeit bevölkerten. Wie kam der Besitzer wohl auf den Namen? War er ein in Pearl Harbor stationierter Seemann? Oder war er, wie viele andere im Touristengeschäft an der Route 66, ganz einfach ein meisterlicher Geschäftsmann? Ach ja, »Honolulu Jim's«. Wie kann dieser Name nur so gesund klingen und dennoch den Anflug von etwas Verbotenem haben? Wer konnte widerstehen und hielt hier nicht auf eine kalte Eiscreme-Soda, einen Schokoladen-Eisshake oder einen Flirt an?

Die alte Route führt, unter der I-15 hindurch, rein nach **Victorville,** wo der Highway als Main Street und Seventh Street durch die Stadt verlief. Hartnäckige Touristen und Leute mit einer nekrophilen Ader wollen sich bestimmt »Trigger« ansehen, das ausgestopfte Pferd – zweifellos Roy Rogers Vision von der Unsterblichkeit des Pferdes. Anderenfalls sollten Sie einfach weiterfahren.

Von Victorville nach San Bernardino (San Berduu sagen die Einheimischen) liegt fast die gesamte alte Route direkt unter der I-15. Bis auf einen fünf Meilen langen Abschnitt, auf dem man das Gefühl hat, die Zeit sei stehengeblieben. Die kurze Strecke, die vor allem von Einheimischen benutzt wird, finden Sie auf der Ostseite an der Ausfahrt kurz hinter der State Road 138 in **Cajon Junction.** Der alte Highway windet sich unterhalb der Interstate entlang und folgt dem Flußbett und

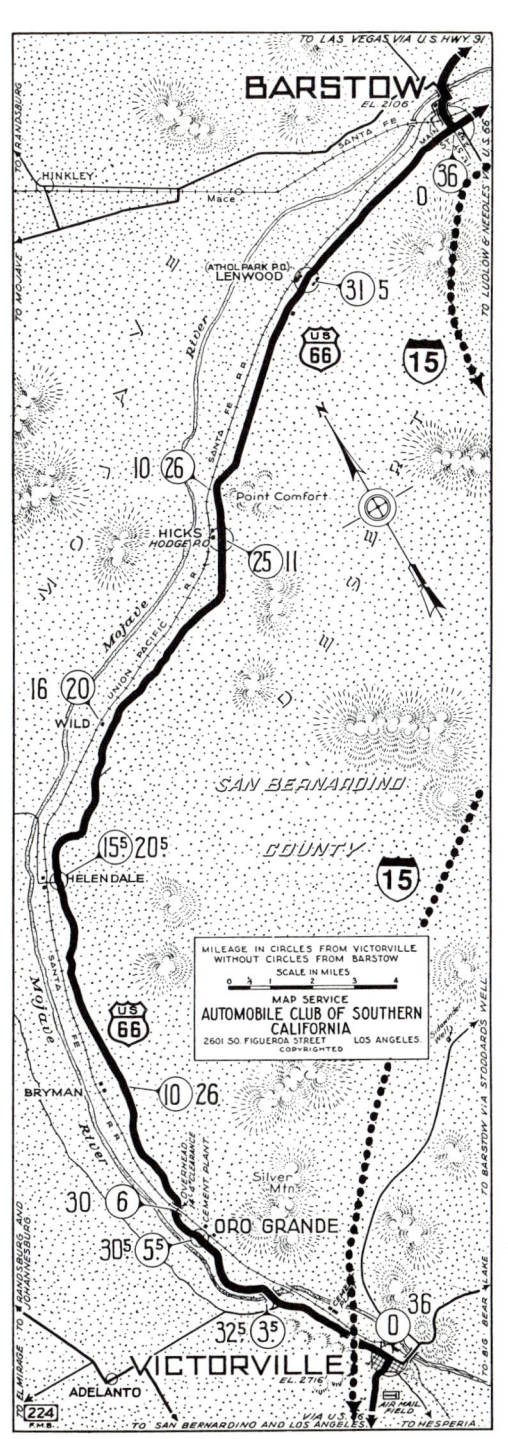

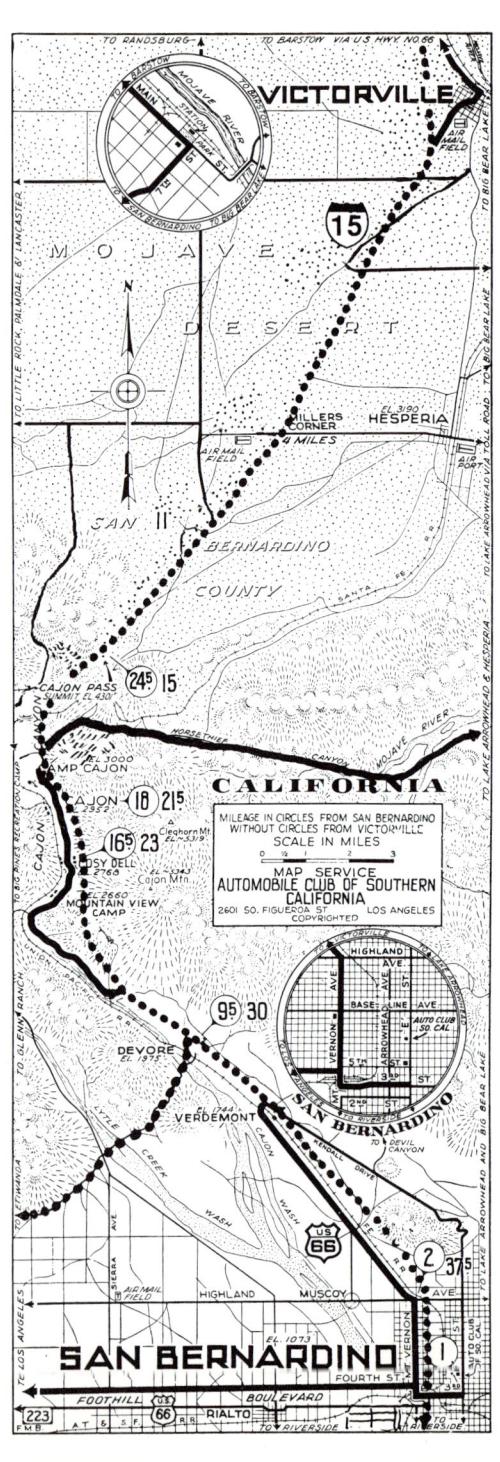

den Santa-Fe-Schienen südöstlich zum Cajon Mountain. Dort müssen Sie wieder zurück auf die Interstate. Wenn Sie keine Zeit für die längeren Abschnitte durch Goffs oder Amboy oder Helendale hatten, sollten Sie sich für dieses kurze Zwischenspiel ein paar Minuten Zeit nehmen.

Und wenn Sie den Lake Arrowhead noch nie zuvor gesehen haben, sollten Sie vielleicht die Interstate ein wenig früher verlassen und über die State Road 138 und 189 nach **Arrowhead Village** fahren. Die Landschaft ist alpin und lieblich. Ein ruhiger Ort, ideal um die Nacht zu verbringen und um den Übergang von der Wüste nach Los Angelopolis leichter zu verkraften.

Von der Ausfahrt nach Devore können Sie der alten Route 66 entlang des Cajon Boulevards folgen und in südlicher Richtung auf der Mt. Vernon Avenue fahren. Aber viel von der Atmosphäre der alten Straße ist hier nicht geblieben. Bequemer ist es, die Ausfahrt 5th Street zu nehmen. Die 5th Street geht über in den Foothill Boulevard (State Road 66) und die alte Route.

Von San Bernardino nach Santa Monica

Als Stadt in ständiger kultureller Veränderung, war **San Bernardino** oft zwischen zwei gegensätzlichen Mentalitäten gefangen. Einerseits gibt es da Stadtväter, die ein klassisches altes Motel an der Mt. Vernon Avenue nur für eine Feuerwehrübung niederbrennen lassen. Andererseits — glücklicherweise — gibt es eine Bürgerbewegung zur Erhaltung historischer Gebäude, auf deren Betreiben hin unter anderem das berühmte »California Theater« restauriert wurde. Das Theater liegt an der 562 West 4th Street ganz in der Nähe der alten Route, wurde von John Paxton Perrine entworfen und 1928 fertiggestellt.

Damals traten in Kino-Palästen auch Varieté-Künstler auf, um ein größeres Publikum anzuziehen, und das California war eine bedeutende Talent-Schmiede. Als in den 30er Jahren inoffizielle erste Vorführungen eines neuen Films üblich wurden, war die Santa-Fe-Eisenbahn fast so etwas wie ein Nahverkehrszug für die Filmstars, die von Hollywood nach San Bernardino reisten, um bei der ersten Vorführung ihres Filmes entweder das Desaster oder die Begeisterungsstürme zu erleben.

Will Rogers hatte seinen letzten öffentlichen Auftritt im »California Theater« 1935. Er war der Star einer Benefiz-Show, an der unzählige Stars mitwirkten — von Buster Crabbe und Jane Withers bis zur unbekannten Rita Cansino, aus der später Rita Hayworth werden sollte. Weniger als zwei Monate danach kam Will im Norden von Alaska mit seinem Piloten und guten Freund Wiley Post bei einem Flugzeugabsturz ums Leben. Das Theater steht immer noch hier, wie gesagt, komplett restauriert (heute auch mit Klimaanlage ausgestattet), und die Pfeifen der alten Original-Wurlitzer-Orgel klingen heute so voll wie eh und je. Dank örtlicher Unterstützung gibt es auf der Bühne des Theaters normalerweise auch eine gute Show zu sehen. Wenn Sie also von ihrem Trip durch die Wüste ein wenig erschöpft sind, dann sollten Sie in San Bernardino übernachten und sich eine Live-Vorstellung anschauen. Die meisten Shows sind nicht teuer, und das Theater ist ein fantastischer Ort, um ein bißchen in der goldenen Vergangenheit Südkaliforniens zu schwelgen.

Die Fahrt durch das Becken von Los Angeles könnte gut zwei Tage dauern, wenn Sie sich wirklich die Zeit nehmen, um alles anzuschauen, was es entlang der alten Route zu sehen gibt. Es liegen achtzig Meilen Stadt-Straßen und Freeways zwischen Ihnen und dem Pazifischen Ozean, und Sie wollen in jedem Fall die

Staus zwischen sieben und zehn Uhr morgens und von vier Uhr am Nachmittag bis sieben Uhr am Abend vermeiden. Montage sind nicht ganz so schlimm, aber verlassen sollte man sich darauf nicht.

Wenn Sie Ihre Reise jetzt zu Ende bringen wollen, dann ist die I-10 von San Bernardino an die Pazifikküste der einfachste Weg nach Santa Monica ans Ende der alten Route. Wenn Sie in Santa Monica sind, verlassen Sie die Interstate und fahren Sie auf den Lincoln Boulevard in nördlicher Richtung, am Santa Monica Boulevard biegen Sie nach Westen ab und fahren ein paar Blocks bis zur Ocean Avenue, wo die alte Route endet. Dieser Weg über den Freeway ist leicht zu finden, und bei mäßigem Verkehr können Sie in etwa zwei Stunden da sein.

Wenn Sie sich einen halben Tag oder etwas mehr Zeit nehmen wollen, dann gibt es eine andere Kombinations-Route, bei der Sie zum größten Teil auf der alten Strecke bleiben können, die nicht allzuschwer zu finden ist. Von San Bernardino fahren Sie Richtung Westen auf dem Foothill Boulevard (State Road 66). Östlich der Pepper Avenue sehen Sie den Zwillingsbruder des Wigwam Village in Holbrook. Das Anwesen steht jedoch zum Verkauf, und seine Zukunft ist mehr als zweifelhaft.

Orangenhaine und Weinberge, das waren die ersten Erwerbsquellen der Ansiedlung hier in dieser Region von Südkalifornien. Doch von diesem Paradies, in dem Milch und Honig flossen, ist nicht viel geblieben — das Streben nach Sicherheit hat alle anderen Lebensziele verdrängt. Auf riesigen beleuchteten Schildern an übergroßen Gebäuden entlang dieses Abschnittes sind martialische Namen wie SENTINEL (Wächter), FORTRESS (Festung) und GUARDIAN (Hüter) zu lesen, die hier mit derselben Häufigkeit auftauchen wie das Wort ACME (Spitze) in den Cartoons von Warner Brothers. Nur gelegentlich taucht auch ein leichtes, erdverbundenes Wort wie SPRINGTIME (Frühling) auf. Doch nicht sehr oft.

Wenn Sie sich an Jack Bennys Gag über einen Zug, der durch »An-a-heim, Azu-za und Coook-a-monga« fährt, erinnern, haben Sie Glück. **Rancho Cucamonga** liegt als nächstes an der Strecke. Die »Virginia Dare Winery« ist eines der ältesten Weingüter Kaliforniens. Zwar wurde sie nie restauriert, doch kam das Gebäude als Teil eines Einkaufszentrums an der Nordseite der Haven Avenue zu neuen Ehren.

An der Archibald Avenue finden Sie eine Tankstelle aus dem Jahre 1920. Und ein Stückchen weiter steht »Dolly's Diner«, wo bereits seit 1944 beste Bratkartoffeln serviert wurden. Das »Sycamore Inn« — einst eine Halte-Station für die Butterfield-Postkutschen — bietet gute Küche und freundlichen Service bereits seit mehr als 140 Jahren. Wenn Sie zur Abendessenszeit vorbeikommen, sollten Sie in jedem Fall hier Rast machen. Genauso interessant und einladend auf seine ganz kuriose Weise ist das »Magic Lamp« — auf der anderen Seite der Straße.

In **Upland** an der Euclid Avenue markiert die Statue der »Madonna of the Trail« das Ende der »National Old Trails«, ein Tribut an die Pionier-Frauen und die Besiedlung des Westens. Wenn Sie ein Faible für die Fliegerei haben, sollten Sie sich die alten Flugzeuge im »Planes of Fame«-Museum direkt neben dem Flughafen in **Chino**, etwa vier Meilen südlich von Euclid, ansehen — es ist eine der besten Sammlungen im Westen. Hier auf diesem Flugfeld sind eine Reihe von Luftschau-Piloten zu Hause und auch Sammler — der Landeverkehr kann deshalb an manchen Tagen ausgesprochen interessant sein.

Wenn Sie nach **Glendora** kommen, haben Sie die Wahl zwischen verschiedenen Routen. Um auf die äl-

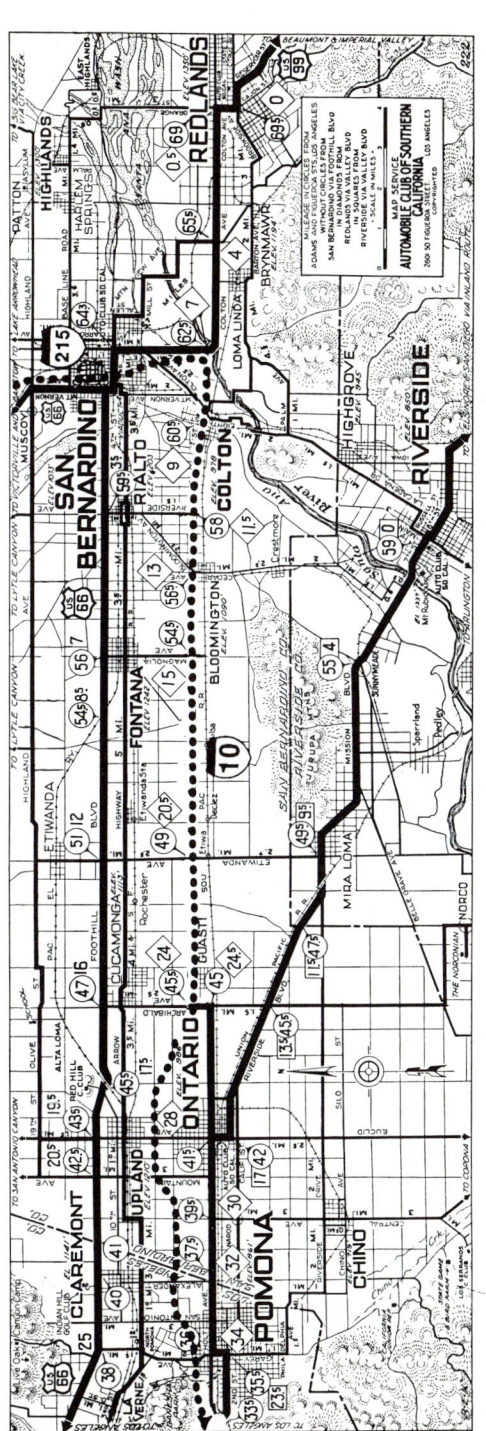

tere und interessantere Strecke aus dem Jahr 1930 zu kommen, müssen Sie an der Amelia Avenue nach Norden abbiegen und dann wieder auf den Foothill Boulevard Richtung Westen. Einige der Gebäude entlang der Hauptstraße haben sich in hundert Jahren nicht verändert, und genau das war auch die Absicht der guten Leute von Glendora. Um auf die neuere Strecke entlang der Alosta Avenue zu kommen, müssen Sie auf der Citrus Avenue in südlicher Richtung fahren und später weiter Richtung Westen steuern.

In **Monrovia** an der Shamrock Avenue fahren Sie nach Norden und biegen dann auf einen weiteren Abschnitt des Foothill Boulevard nach Westen ab. Vier Blocks westlich der Myrtle Avenue sehen Sie das berühmte »Aztec Hotel«, das 1926 von Robert Stacy-Judd als Touristenabsteige entworfen wurde. Für einen kurzen Ausflug und Mittagsspaziergang sollten Sie an der Baldwin Avenue nach Süden abbiegen, um sich das Anwesen von Lucky Baldwin anzusehen, das heute die Baumschule von Los Angeles beheimatet.

Steuern Sie Richtung Süden auf dem Foothill Boulevard nach **Pasadena,** und fahren Sie dann in westlicher Richtung weiter. Wenn möglich, sollten Sie sich hier ein wenig Zeit für eine Architektur- und Museums-Tour nehmen. Es gibt hier so manch Außergewöhnliches zu sehen.

In der Nähe der Fair Oaks Avenue trennen sich zwei alte Route-66-Strecken. Eine frühere Variante ging an der Fair Oaks Avenue nach Süden ab, folgte dem Huntington Drive und dem North Broadway in die Innenstadt von **Los Angeles** — vorbei an dem einst berühmten »Ptomaine Tommy's Restaurant«. Eine andere Variante der Route 66 verlief in westlicher Richtung auf dem Colorado Boulevard zum Eagle Rock, wo sie nach Süden abbog und auf das Zentrum von L. A. zusteuerte.

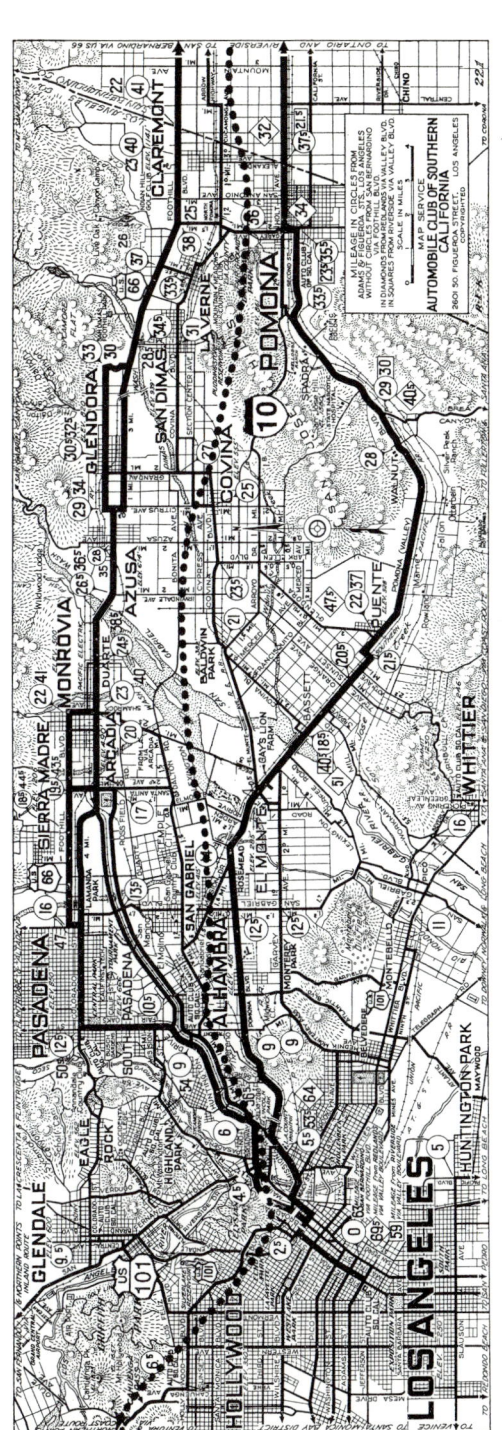

Doch keine dieser beiden Routen ist mehr empfeh-
lenswert, seit Tommy's geschlossen ist. Das beste ist,
Sie nehmen die neuere Strecke, die am Arroyo Seco
Parkway Richtung Süden abbiegt (State Road 11 und
110). Im Jahr 1941 wurde aus diesem Parkway der erste Freeway der Welt, und sein Alter kann man ihm
heute ansehen; seien Sie also vorsichtig, und fahren
Sie langsam an der Einfahrt. Folgen Sie dem Arroyo
Seco/Pasadena Freeway in die Innenstadt Los Angeles. Wenn die Zeit knapp sein sollte, wechseln Sie auf
den Hollywood Freeway (US 101 und State Road 2) –
auch Teil der Route 66 – und fahren in nordwestlicher
Richtung zur Ausfahrt Santa Monica Boulevard.

Wenn Sie allerdings eine interessante Strecke aus
den 30er Jahren fahren wollen, nehmen Sie die Ausfahrt, die Sie Richtung Westen auf den Sunset Boulevard bringt. Nur ein Block südlich des Glendale Boulevard erscheint der berühmte Angelus Tempel, der von
Aimee Semple McPherson gebaut wurde. Vermutlich
hat nie wieder jemand solch verkünderische Höhen
erreicht wie Schwester Aimee, die ihr Charisma und ihren Ruf bewahren konnte trotz ihrer in der Presse breit-
getretenen Scheidungen, einer selbst ausführlich be-
schriebenen Entführung und einem Dutzend von Pro-
zessen. Bereits im Jahr 1941 war der Tempel selbst zu
einer außerordentlich beliebten Touristattraktion an
der alten Route 66 geworden.

Fahren Sie auf dem Sunset Boulevard weiter und biegen nach Westen auf den Santa Monica Boulevard
ab. Über Ihnen am Berg steht das berühmte HOLLY-
WOOD-Schild. Der Name war ursprünglich von einem
Vorort Chicagos übernommen worden, und so hieß
der Stadtteil westlich des Griffith Park zunächst Holly-
woodland. Als Orientierungspunkt für Autofahrer, Piloten und Träumer hat dieses Schild gute und schlechte
Zeiten erlebt. 1939 wurden die jährlichen Reparaturar-

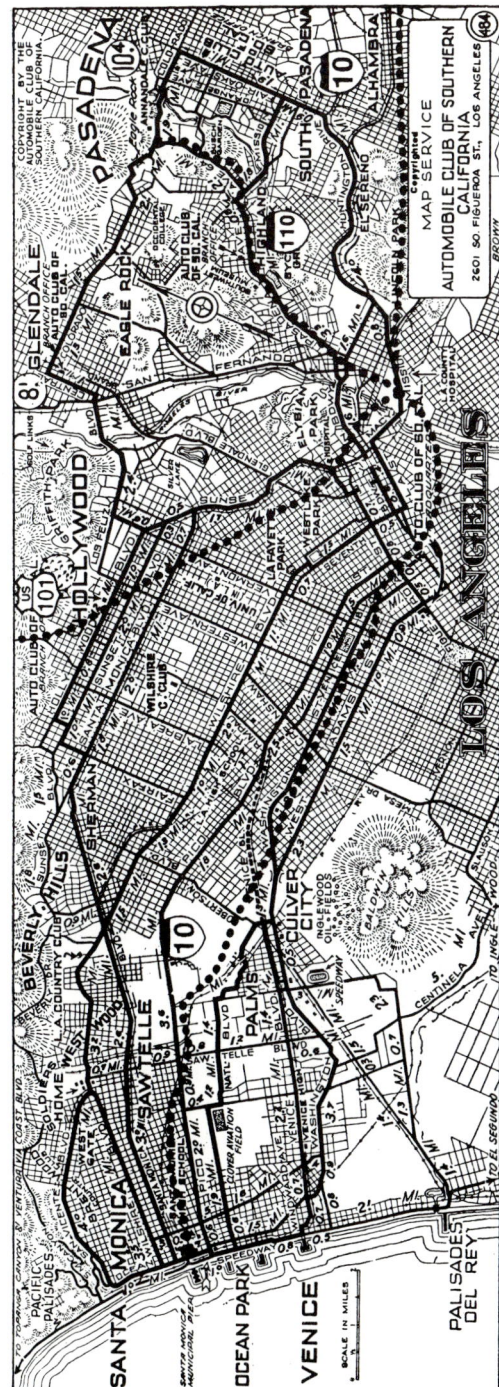

184

PASADENA

104

10

ALHAMBRA

110

SOUTH PASADENA

EL SERENO

GLENDALE

8

EAGLE ROCK

HIGHLAND PARK

NORTH PARK

HOLLYWOOD

US 101

LOS ANGELES

BEVERLY HILLS

CULVER CITY

PALMS

SAWTELLE

10

SANTA MONICA

OCEAN PARK

VENICE

PALISADES DEL REY

SCALE IN MILES

beiten zum ersten Mal eingestellt, doch das Schild überlebte Vandalen, kleingeistige Bürokraten, zerstörerische Santa-Ana-Winde und das Stigma, das der Sprung einer glücklosen Schauspielerin hinzufügte, die von den Höhen des ersten Buchstabens in den Tod stürzte. Heute gehört der LAND-Teil des Namens lange der Vergangenheit an, der Rest wird ständig repariert und wurde zum Signalfeuer einer Stadt, die offiziell nie existiert hat.

Fahren Sie weiter Richtung Westen auf dem Santa Monica Boulevard durch den Boutiquen- und Kleintheater-Distrikt bis zu »Barney's Beanery«. Wenn Ihnen »Mort's Roadhouse« in Glenarm, Illinois, gefallen hat, werden Sie Barney's lieben.

Ganz in der Nähe der westlichen Grenze von **Beverly Hills,** sieben Blocks hinter dem Beverly Drive, steht an der Walden Street ein architektonischer Hochgenuß für Freunde der Stummfilmzeit. Es ist das »Spadena«-Haus, eine hübsche Hänsel-und-Gretel-Kate, die von Henry Oliver im Jahre 1921 entworfen wurde. Zunächst war dieses Häuschen das Büro der Irvin C. Willat Productions in Culver City, bevor es hierher an seinen heutigen Standort an der südöstlichen Ecke der Carmelita Street transportiert wurde. Im späten Mittagslicht ist es, als ob man hier den Duft von gebackenen Lebkuchen riechen kann.

Etwas weiter liegt funkelnd der Stadtteil **Century City,** der von der Alcoa (Aluminum Company of America) in einem glücklichen Geschäft auf einem Hinter-Grundstück der Twentieth Century-Fox gebaut wurde. Da ein neuer Mercedes hier als Standard-Transportmittel gilt, ist die Gegend besonders für ihre gehobene Arbeitsmoral (man ist weniger, was man fährt, als wo man parkt) und wegen »Harry's Bar and American Grill« gegenüber dem Century Plaza Hotel bekannt.

Harry's ist sehr dunkel und sehr gediegen und außerdem der Austragungsort eines bekannten jährlichen Wettbewerbs, in dem ermittelt wird, wer schreiben kann wie Ernest Hemingway ... *Im trüben, braunen Licht des Nachmittags gingen wir gewöhnlich zu Harry's, zum Beobachten und zum Schreiben. Kellnerinnen mit prallen Brüsten lachten uns zu, wenn sie an uns vorbeigingen. Sie hatten die langen Beine und starken Waden von Tänzerinnen — ihr wirklicher Beruf —, und wir lachten gewöhnlich immer zurück. Nach einer Weile vergaßen wir das Schreiben und verlegten uns aufs Beobachten ...* Es heißt, der Wettbewerb hinterläßt Spuren bei jedem.

Nachdem Sie bei Harry's getan haben, was auch immer Sie tun wollten, sollten Sie durch West Los Angeles auf der alten Route in Richtung **Santa Monica** aufbrechen. Sowohl geistig als auch politisch ist die Stadt Santa Monica getrennt von Los Angeles. Offiziell beginnt sie an der Centinela Avenue und endet am Ozean. Für eine kurze Zeit, sehr spät in ihrem Leben, war die Route 66 mehrere Blocks nach Süden verlegt worden. Doch diese Strecke war für Reisende und Fans nie der wahre Highway. Die meisten erinnern sich an die alte Route 66 auf dem Santa Monica Boulevard, auf dem sie seit 1935 verlief. Nur ein paar Blocks müssen Sie jetzt noch fahren. Dann sind Sie an der Ocean Avenue, zu guter Letzt — und der alte Highway endet einfach.

Das »Belle Vue Restaurant«, rechts an der Ecke, hat eine gemütliche Atmosphäre, falls Sie in Feier-Stimmung sein sollten. Auf der anderen Seite der Straße über dem Pacific Coast Highway liegen die Palisades, und ein paar Blocks Richtung Süden ist der Santa Monica Pier. Wenn Sie ein Fan von Robert Redford und Paul Newman sind, sollten Sie vielleicht einmal mit dem hübschen restaurierten Karussell fahren — es ist dasselbe, das in George Roy Hills Film *The Sting (Der Clou)* aus dem Jahr 1973 zu sehen ist.

Nur ein paar Meter westlich der Kreuzung finden Sie eine Gedenktafel, die an die Route 66 als den Will Rogers Highway erinnert. Installiert wurde die Tafel in erster Linie als Werbung für den Film *The Story of Will Rogers* aus dem Jahr 1952, in dem Will Rogers Jr. die Hauptrolle spielte. Der Highway selbst war schon 15 Jahre zuvor nach Will Rogers benannt worden. Und wenn Sie hingeschaut haben, dann haben Sie sogar ein entsprechendes Schild in John Fords Filmproduktion *Früchte des Zorns* von 1940 gesehen.

Bevor Sie die Gegend verlassen, sollten Sie jedoch in jedem Fall eine kleine Pilgerfahrt zur Ranch von Will Rogers machen, die mit Unterstützung der Familie von Rogers heute als California State Park erhalten ist. Fahren Sie auf der Ocean Avenue drei Blocks in nordwestlicher Richtung. An der California Avenue biegen Sie nach links ab und fahren zum Pacific Coast Highway hinunter. Bleiben Sie etwa drei Meilen auf dem Pacific Coast Highway, biegen Sie nach rechts auf den Sunset Boulevard ab (ja, es ist genau der), und fahren Sie bis zur Nummer 14253 landeinwärts. Wegweiser führen Sie hinauf zur Ranch.

Mehr als irgendwo anders kann man auf diesen neunzig Hektar Land den Geist von Will spüren. Sein kleines Büro, wo er meistens schrieb, liegt im oberen Geschoß. Am frühen Morgen, wenn der dünne Küstennebel über den Eukalyptusbäumen liegt, kann man hören, wie die Worte durchs Fenster kommen und hineinfließen in seine alte Schreibmaschine.

Wiley Post kam mit seinem einmotorigen Propellerflugzeug für gewöhnlich aus südöstlicher Richtung über dem Polofeld herunter und landete geschickt auf dem Rasen neben dem Haus. Bringen Sie etwas zum Essen mit. Sie können hier auf Will Rogers Landebahn picknicken. Alles hier ist wirklich inspirierend, und Sie werden einen Spaziergang ganz sicher genießen. Im Frühjahr, wenn alle Blumen um das alte, verschalte Ranchhaus blühen, kann man ahnen, daß das Paradies nicht irgendwo da oben in weiter Ferne liegt. Es ist genau hier, überall um uns. Es gibt Orte, die lassen uns ein wenig klarer sehen. Will Rogers Ranch ist einer davon.

Bevor Sie losziehen, um sich irgendwelche Sehenswürdigkeiten anzuschauen, sollten Sie am steilen Felsufer von Santa Monica entlangspazieren und auf diese Weise Ihre Reise über die alte Route 66 beenden. Beobachten Sie die Menschen. Atmen Sie frische Seeluft, bevor die Stadt Sie wieder im Griff hat.

Wie viele Reisende, die nach Süd-Kalifornien kommen, mögen Sie vielleicht nicht unbedingt das Gefühl haben, wirklich angekommen zu sein. Doch das Meer, die Menschen, der Palisades Park sagen Ihnen, daß Sie hier sind.

Sie sind fraglos hier.

Eine Einladung des Autors

Lieber Route-66-Reisender,

amerikanische Highways verändern sich dauernd, werden verlegt, neugebaut und modernisiert. Und die Route 66 verändert sich rapide, jetzt, wo das Interesse an der alten Straße immer größer wird.

Dieser Führer basiert auf den verläßlichsten Informationen, die zum Zeitpunkt des Druckes zugänglich waren. Doch Worte und Karten sind im besten Fall Annäherungen an eine Erfahrung. Im Laufe der Zeit werden Korrekturen und Ergänzungen notwendig sein. Und ich möchte Sie persönlich dazu einladen, an diesem Prozeß mitzuwirken.

Dort, wo Sie auf Ihrer Reise auf eine Veränderung in der Strecke oder einer Sehenswürdigkeit stoßen, oder wenn irgend etwas in diesem Führer vielleicht sogar ganz fehlen sollte, notieren Sie es, und schreiben Sie mir ein paar Zeilen. Ganz besonders, wenn Sie ein gutes Restaurant finden oder eine neue und wundervolle Monstrosität oder auch nur einen freundlichen Ort. Zeitmangel und der Druck anderer Projekte erlauben es mir unter Umständen nicht, alle Vorschläge persönlich zu beantworten. Doch mein Dank ist Ihnen gewiß. Und für eine nächste Auflage kann Ihr Beitrag von großem Wert sein.

Alle Reisenden auf der alten Straße werden sich über Ihren Beitrag freuen, und ich natürlich auch. Dank dafür, daß Sie sich die Zeit nehmen, das Erlebnis Route 66 noch zu steigern.

Beste Grüße

Adresse:
Route 66 Traveler's Guide
Post Office Drawer 5323
Oxnard, California, 93 031
USA

Informationsquellen

Bücher

Route 66: The Mother Road. Von Michael Wallis. St. Martin's Press, 1990. Sorgfältig recherchiert und mit Herz geschrieben. Viele Farbfotos. Das vollständigste Werk über die Geschichte und das Leben der US 66.

Route 66. The Highway and Its People. Von Quinta Scott und Susan Croce Kelly. University of Oklahoma Press, 1988. Sammlung von großformatigen Schwarzweißfotografien sowie detaillierte Berichte aus erster Hand über das Leben an der Route 66 in ihren Glanztagen.

Route 66. Von Holger Hoetzel. Verlag Ullstein, 1992. Eine fotografische Reise zu den Ursprüngen des amerikanischen Traums. Auf einer Harley Davidson erobert sich Holger Hoetzel den »Highway der Hoffnung« eines Steinbeck, Kerouac oder Bobby Troup. »Get your kicks on Route 66...« Der opulente Text-Bild-Band erzählt die Geschichte der Route 66 ebenso persönlich wie stimmungsvoll.

Roadfood and Goodfood. Von Jane und Michael Stern. Alfred E. Knopf, 1986. Über genußvolles Speisen in Gasthäusern entlang der Straße; äußerst unterhaltend und außerdem das hilfreichste Buch seiner Art. Wenn Sie die Nase voll haben vom Mikrowellenfraß und Selbstgekochtes in allen erdenklichen Formen lieben, dann sollten Sie dieses Buch direkt neben der Bibel in ihrem Motelzimmer liegen haben.

The Verse by the Side of the Road. Von Frank Rowsome, Jr. E. P. Dutton, 1966. Die ultimative Sammlung von Burma-Shave Werbesprüchen, mit einer volkstümlich erzählten Geschichte der berühmten Schilder. Wußten Sie, daß es in jedem Bundesstaat Burma-Shave-Schilder gab, nur nicht in Arizona, Nevada und New Mexico?

A Guide Book to Highway 66. Von Jack Rittenhouse. Selbstverlag, 1946. Jetzt als Faksimile-Ausgabe von der University of New Mexico Press erhältlich. Der Großvater aller Route-66-Bücher und hilfreich wie eh und je. Wollen Sie wissen, ob das Palace Hotel in Winslow schon in den großen Tagen des Highway hier stand? In Jacks Buch steht es.

Videofilme

Going Somewhere: The Story of Route 66. Produziert von Richard O. Moore. Ursprünglich eine einstündige Präsentation, in der 30-Minuten-Version sehr viel klarer und immer noch prallvoll mit Geschichte, alten Autos und Gesprächen mit vielen Geschäftsleuten am Rande der Straße, die dem Highway 66 sein besonderes Flair gaben. Erhältlich von KTCA-TV, 172 E. 4th Street, St. Paul, Minnesota 55 101.

Out of Rosenheim/Bagdad Cafe. Von Percy und Elianor Adlon für Island Pictures produzierter Spielfilm aus dem Jahr 1988. Jetzt auch auf Videokassette. Superbe Geschichte mit viel Humor und Herz erzählt. Wenn Sie das nächste Mal an einem Videoladen vorbeikommen, sollten Sie nicht ohne den Film nach Hause gehen.

Roadhouse 66, von Scott M. Rosenfeld und Mark Levinson produzierter Spielfilm. Kam 1984 in die Kinos, jetzt als Videokassette bei CBS Fox. Stellen Sie sich einen amerikanischen Biker-Film vor, der von einer ausländischen Film-Crew gedreht wurde. Direkt vor Ort in der Wüste von Arizona. Wenn Sie sich so etwas wie »Marx Brothers treffen Hell's Angels« vorstellen, kommen Sie der Sache ziemlich nahe.

Organisationen

Von besonderem Interesse dürfte für den Route-66-Reisenden die *»US Route 66 Association«* sein. Wie andere historische Gruppen wirkt die Route-66-Association aktiv an der Erhaltung des Erbes der alten Straße mit. Doch die Association ist mehr als das. Ihr geht es vor allem um die konkrete Touring-*Erfahrung* auf den alten Highways. Der Club wurde in den frühen 80er Jahren als Organisation von Freiwilligen gegründet. Heute steht die Mitgliedschaft allen offen, die die Erhaltung und Wiederentdeckung der alten amerikanischen Straße unterstützen, und die Association weitet ihre Interessengebiete ständig aus. Informationen: Route 66 /2-Lane America, P. O. Drawer 5323, Oxnard, CA 93 031

Radtouren

Endless Summer Tours. Wollen Sie für Ihr Abenteuer auf der Hauptstraße Amerikas ein Fahrrad mitbringen? Endless Summer Tours bietet Zweiradtouren an, und bei all der Liebe zum Detail könnten die Organisatoren fast Deutsche sein. Nichts bleibt dem Zufall überlassen. Allen Radfahrern sei diese Organisation wärmstens empfohlen. Für eine Broschüre, die Route-66- und andere Highway-Touren beschreibt, melden Sie sich bei: Endless Summer Tours, 1101 Franklin Street, Michigan City, IN 46360

Andenken

Route-66-Straßenschilder — Erstklassige Reproduktionen der Original-US-66-Straßenschilder, aus stabilem Stahlblech mit gestanzten Zahlen und Buchstaben, genau wie frühe Route-66-Reisende sie in Erinnerung haben. Erhältlich von: Marty Apgar, Crossroads Sign Co., P. O. Box 671 Carrollton, Kentucky 41008. Faire Preise und exzellenter Service.

Danksagung

Mein Dank geht an den Ullstein Verlag und St. Martin's Press, die beiden Verlage, die diese deutsche Ausgabe möglich gemacht haben. Besonderen Dank dem Automobile Club of Southern California dafür, daß er die alten Landkarten auch dem Reisenden aus dem Ausland zugänglich gemacht hat.

Außerdem bin ich allen Gründungsmitgliedern der U. S. Route 66 Association in Amerika, Europa und Asien verbunden, die die Recherchen unterstützt haben, auf denen dieses Buch basiert.

Und schließlich gilt mein herzlicher Dank Holger Hoetzel, meinem Übersetzer und Lektor auf dieser Seite des Ozeans. Kein amerikanischer Autor kann sich mehr wünschen. Holger ist wie ich ein eingeschworener Harley-Biker, selbst Autor und ein erfahrener Route-66-Reisender, dem diese alte Straße wirklich am Herzen liegt. Er hat mir viel seiner persönlichen Zeit gewidmet — geholfen, Reise-Empfehlungen noch einmal zu prüfen, mir geduldig die feinen Unterschiede zwischen Begriffen wie »Sehnsucht« und »Fernweh« erklärt und so die Möglichkeit gegeben, genau das Gefühl auszudrücken, das ich im Herzen hatte.

Danke, Holger. Dein Beitrag zu dieser Ausgabe kann nicht hoch genug eingeschätzt werden.

Register

Friedrich Geiss

Go West

Auf den Straßen durch Amerikas Westen

320 Seiten, 16 Farbseiten

Mit Auto und Wohnmobil durch den einstmals »Wilden Westen« Amerikas: »Go West« ist der richtige Reiseführer für Leute, die das Abenteuer suchen und auf eigene Faust eine Welt faszinierender Naturwunder entdecken wollen. Auf den Spuren der Pioniere geht es durch Wüsten, über Gebirge, am Meer entlang — mit den notwendigen Hinweisen auf Highways, Freeways, Drugstores und Motels, mit Tips und Anregungen eines erfahrenen Autors.

Ullstein